赢在升级

打造流程化组织

陈志强◎著

图书在版编目（CIP）数据

赢在升级：打造流程化组织 / 陈志强著. -- 北京：企业管理出版社, 2021.8

ISBN 978-7-5164-2302-8

Ⅰ.①赢… Ⅱ.①陈… Ⅲ.①企业管理 Ⅳ.①F272

中国版本图书馆CIP数据核字（2020）第245605号

书　　名：赢在升级：打造流程化组织
作　　者：陈志强
责任编辑：张　羿　赵　琳
书　　号：ISBN 978-7-5164-2302-8
出版发行：企业管理出版社
地　　址：北京市海淀区紫竹院南路17号　　邮编：100048
网　　址：http：//www.emph.cn
电　　话：编辑部（010）68416775　发行部（010）68701816
电子信箱：qygl002@sina.com
印　　刷：北京亿友数字印刷有限公司
经　　销：新华书店
规　　格：710mm×1000mm　1/16　　14印张　　186千字
版　　次：2021年8月第1版　2025年3月第9次印刷
定　　价：68.00元

前　言

高效、合规、灵活地赢

这是一个充满机会的时代，也是一个大浪淘沙的时代。内外部环境的变化给各行各业的企业带来了压力和机遇，也激发了变革的需求。

企业需要告别粗放式发展，选择更高质量的增长方式，通过持续创新和修炼内功，不断提升人均产出、人均利润等组织效能指标。否则，盲目扩张的代价就会带来高风险的经营结果。

企业变革的目标是从以权力为中心的职能化组织，转型为以客户为中心的流程化组织。企业只有通过管理模式的升级，才有机会在残酷的竞争环境下生存和发展。

流程是战略执行的能力保障，流程是组织设计的依据，流程是数字化管理的基础，所以，流程是企业运营管理的基石。

流程承载了企业最佳的业务实践，以及各类管理要素的要求，是企业的战略资产。随着企业规模变大，内耗也会变大。流程粗放、流程碎片化直接导致企业协同效率低下的现象频频发生，大量的业务断点和返工、低效的协调和决策消耗了组织的资源，产生了巨大的浪费。

企业需要更高效的运营方式，那就是打造流程化组织，真正意义上实现人治到法治的跨越，将组织能力建立在流程上，变领导驱动为规则驱动，通过流程实现组织赋能的管理愿景。基于流程分配权力、资源和责任，实现责任下放、责任前置的管理目标，提升一线人员的业务能力和决策能力，解放领导，企业才会变得高效、灵活且富有生命张力。

流程变革涉及组织的习惯、本位主义和权力的挑战，会面临风险，所以，需要提升变革的准备度、采取灵活的变革策略，强化变革能力，鼓励全员参与，将变革作为组织赋能的手段。

过去 10 多年，我带领团队为国内各个行业的企业提供了流程变革培训、咨询和 IT 工具支持，从变革“松土”到变革赋能，深刻体会到企业领导层对变革的迫切希望、迷茫感和焦虑感，以及变革推进者的乏力感和挫败感。由此，我撰写本书的目的油然而生，提供一部给企业领导层、各级管理者及流程变革推进部门工作人员阅读的书籍，以强化变革认知和信心，改造内部的变革环境，控制变革的风险，提升变革的成功率。

本书从流程变革的必要性、流程文化建立、流程化组织特征、变革动机强化、流程变革顶层设计、流程变革项目策划、流程变革项目实施、流程变革风险控制及流程管理长效机制建立等九大部分系统性地提供流程变革理念和方法论的指导。

希望有更多的企业转型为流程化组织，高效、合规、灵活地赢，开放、人本、包容升级，支撑组织远景和战略的实现。

致谢：本书撰写过程中，得到了我的同事马鸣明、梅珂、孙喜桐、王泽平、林琛怡、叶家卉的支持和帮助，他们投入时间，协助统计数据、整理案例、完善文稿；感谢杨序国老师在本书出版过程中给予的大力推荐；感谢企业管理出版社资深编辑赵琳老师高效推进了本书的出版；感谢我的太太顾津菁对我的爱和支持，使得我有动力和精力完成本书的撰写。

流程与变革管理专家、深圳市杰成合力科技有限公司董事长　陈志强

2020 年 12 月

目录

Contents

第一章　企业为什么需要流程变革

第四章　强化变革的动机

第五章　流程变革的顶层设计

第六章　如何策划流程变革项目

第七章　流程变革项目实施

第八章　控制流程变革的风险

第九章　流程管理最佳实践——机制与工具

参考文献

第一章

企业为什么需要流程变革

导读

第一节　世界 500 强，还是世界 500 大

第二节　流程的好坏影响企业的利润

第三节　企业的流程成熟度

第四节　案例启示：印度软件公司人员流动率 30%，为何还能准时交付产品（服务）

第五节　案例启示：从华为的“马电事件”看流程变革的必要性

第六节　向流程变革要利润

第七节　流程变革是数字化转型的基础

第一节　世界 500 强，还是世界 500 大

1995 年，《财富》杂志首次推出世界 500 强榜单，20 多年来，不断有中国企业明确提出要在几年内位列世界 500 强榜单，以此为战略目标。截至 2019 年，世界 500 强榜单上中国企业的数量首次与美国并驾齐驱。然而，在争入 500 强的号角声中，总有学者表示：“应为中国企业的长远发展做好必要的准备工作”。历史也通过雷曼兄弟、华盛顿互助银行、柯达公司等企业告诉我们：不能把规模看成企业唯一目的，甚至是其价值所向。组织变得越复杂，重要的东西如效率、革新、速度、适应性和敏捷性就可能随之衰退。

2014 年，渤海钢铁集团上榜世界 500 强，位列 327 位；次年，跃升至 304 位。正当渤海钢铁集团蓬勃发展、蒸蒸日上的时候，市场发生了变化，渤海钢铁集团爆发了债务危机。2016 年，渤海钢铁集团负债 1920 亿元，最终于 2018 年破产。

更富有戏剧性的是世界 500 强企业安然公司。安然公司曾是世界最大的天然气和电力交易商，当之无愧的全球能源巨头，在 2000 年的《财富》世界 500 强排名 16 位。就是这么一家“谁都看好”的企业，在步入巅峰后，仅仅过了 3 个月就宣布破产了。为了规避类似情况再次发生，安然事件催生了《萨班斯法案》，对上市公司提出了合规和风控的要求，以保护投资者的利益。

《财富》的世界500强榜单以企业年度销售收入（即企业规模）为依据进行排名。也就是说，如果多家公司整合组建集团，或者某家企业通过兼并扩大规模，使自身达到一定门槛了，就可以进入世界500强榜单。可是，企业规模不能完全代表企业的生命力。

能进世界500强的企业，真的都很强吗？

2019年的世界500强，有31家企业亏损。其中，通用电气亏损高达223.6亿美元，名列第一。

我们再看一下中国企业的上榜数据。2019年，中国共有129家企业进入世界500强榜单，其中金融地产企业28家、制造型企业62家。制造型企业的平均利润率是3%，台积电、华为、美的、格力和台塑石化这5家企业的利润率在7.7%以上，其他企业的平均利润率仅为1.8%，还有12家上榜的中国企业利润为负。

综上所述，我觉得：世界500强的名字改一下比较好，似乎叫世界500大更合适、更贴切。

华为在没有进入世界500强之前，任正非多次在内部会议上强调："谁都不要提进什么世界500强。"相比为了进世界500强榜单而不顾自身运营健康的企业，华为是清醒的、不浮躁的。

放眼全球，企业大而不强是个普遍的问题。这背后通常是两个因素所致：战略不够专注，忽视内功修炼。国内有的上市公司为了市值管理，战略发散，跨界兼并公司，而且内功修炼不到位，缺乏管理多个跨界业务的能力，导致经营不善、利润数据不好看，进而出现财务造假、现金流中断、大规模裁员等问题。

中国民营企业平均寿命仅3.7年，中小企业平均寿命更是只有2.5年。相比之下，德国和日本的企业寿命比较长，德国企业寿命超过200年的有

800 多家，日本企业寿命超过 200 年的有 3000 余家。①

可持续发展是企业经营的一个关键命题。

华为能发展到今天，和其全球化视野及深刻的危机意识有关。华为在控制成本的同时，在研发投入方面却极为“阔绰”：公司每年会把销售收入的 10%～15% 投入研发创新中去。其效果也是有目共睹的：2018 年，华为再次获得 WIPO 国际专利申请数第一名的成绩。华为申请的专利中，有三成是 5G 专利，奠定了其在 5G 领域不可动摇的地位。

除了研发，华为还以“阔绰”的方式对流程变革进行投入。从 1998 年启动流程变革开始，经过 20 多年的管理变革与信息化的投入，华为在这方面耗费了几百亿元的资金。变革收益也很明显，变革前华为人均收入不到 100 万元，变革后的今天其人均收入超过了 400 多万元。华为的变革收益不仅仅体现在财务数据上，它还开阔了企业管理者的格局和视野，提升了企业管理者的变革意识和变革领导力。

---

① 民建中央发布的专题调研报告《后危机时代中小企业转型与创新的调查与建议》显示：中国中小企业目前平均寿命仅 3.7 年，欧洲和日本的企业平均寿命为 12.5 年，美国企业平均寿命为 8.2 年，德国 500 家优秀中小企业中的 1/4 存在了 100 年以上。

第二节　流程的好坏影响企业的利润

流程管理的推行过程始终是伴随着争议的，特别是 2005 年微软高管的离职事件更是让反对流程的人坚信——“当制度管理不断成熟和细化时，执行流程降低了工作效率”。这其实是没有真正理解流程。

流程天然存在于企业的运营过程之中，无论我们是否去显性化它或固化它。做事必然有先后次序，有方式方法，这便是流程。只要有业务发生，有各种运营活动进行，流程就隐含其中。

流程固化之前，不同的人往往用不同的流程做同样的事情。普通员工与优秀员工处理事情的流程有差异，成果也有高下。如果企业不把优秀员工的经验固化下来，优秀经验就不能被很好地复制。这必然导致同一个职位、同一类事情，不同的人绩效有优劣、客户满意度有差异，这些最终都会在企业绩效及利润上体现出来。

制订流程，就是要把最佳实践固化下来，让昙花一现的优秀表现变成企业员工的共同行为。

一个中等规模的企业会存在几百个流程、几千个活动。这些活动都需要消耗人、财、物等资源。因此，活动的效率和质量直接影响企业的经营成本。例如，逆向物流包含了市场退回品、库房里的呆滞物料、超储存期物料等。一些大型企业每年的逆向物流涉及金额有几亿元。逆向物流浪费的金额巨大，是由于营销、研发及供应链的流程成熟度低下共同引发的。

华为曾专门对端到端的逆向物流流程进行优化、变革。所谓端到端的优化，不仅仅关注逆向物流流程本身，而是从采购到生产、从市场到研发，所有直接和间接相关的流程都进行优化，流程涉及的各领域管理者、业务专家、变革专家都要参与。华为的变革为什么要从流程切入呢？因为流程是企业运营的基础。

从创造财务价值的角度，可以把企业的流程分成两类：一类是直接创造财务价值的流程，另一类是提供支撑和服务的流程。比如，华为的集成产品开发（IPD）、市场到线索（MTL）、线索到回款（LTC）、问题到解决（ITR）等流程就是为公司创造财务价值的流程，没有这些流程，公司就没有持续的财务收入；而采购、人力资源、财务、流程与信息化等流程则为上述流程提供服务和支撑。

企业流程的优劣直接影响企业的运营和收益。年度损益表上的利润的构成是收入与支出的差额。所以，企业经营活动的效率和质量都会直接或间接影响企业的收入和支出，最终影响利润。

流程不等于审批流程。不少企业搞流程建设，只关注 OA 里的审批流程。这一方面是因为审批效率太低；另一方面则是因为审批涉及权力分配，所以有更多人关心。

目前，很多企业都存在一个共性问题：业务流程太粗放，大多数活动靠经验驱动。表现为：以个人能力取代组织能力，缺乏对“最佳业务实践”的总结；部门之间壁垒重重，协同效率低；等等。这些都严重影响了企业的竞争力。比如，新产品上市不及时，因而市场份额减少；客户问题解决不及时，影响客户满意度；订单交付不及时，影响回款……这些问题都会影响企业的财务收入，让企业的业务增长受挫。

企业最大的浪费源自冗杂、低效的流程。这些流程有的是已经被固化下来的流程，也就是人们通常抱怨的、影响效率的那些流程；有的是没有固化下来的，在企业日常运营中自然存在的流程。

流程只有通过固化最佳实践，才能变得高效；只有持续地优化流程，才能让企业与时俱进，始终保持旺盛的竞争力。

华为一直将流程作为公司的战略资产进行管理：各类流程都有责任人（Process Owner，简称 PO，意即流程责任人或流程所有者，也可以认为是流程主导者），负责流程的规划、建设、宣贯和运营。可以说，华为用规则的确定性应对变化莫测的市场，是以流程保障公司运营，通过流程运营产生企业绩效。如果依据 APQC（全球最知名的流程对标社区）的流程管理成熟度模型评估，华为的流程成熟度高于集成级（标准级），接近度量级。成熟的流程为华为带来稳定的收益，让业绩变得可预测，其利润率多年来都能够维持在 8%～10%。

第三节　企业的流程成熟度

我在所接触的大多数国内企业里发现了一个普遍特点：许多业务管理人员不能将流程说清楚。比如，与其工作有紧密关系的流程究竟有哪些，这些流程是如何运作的，等等。甚至提及企业同一个流程时，不同的人员理解的都不一样：如流程中的客户是谁不一样，流程的起点和终点在哪里不一样，流程中涉及的角色和活动有多少不一样。这一点非常有趣，大家每天都在自己的岗位上忙忙碌碌，但没有人思考：我们是如何协同工作的。

APQC 的一份数据显示：企业的流程成熟度可以分为 5 个等级，如图 1-1 所示。

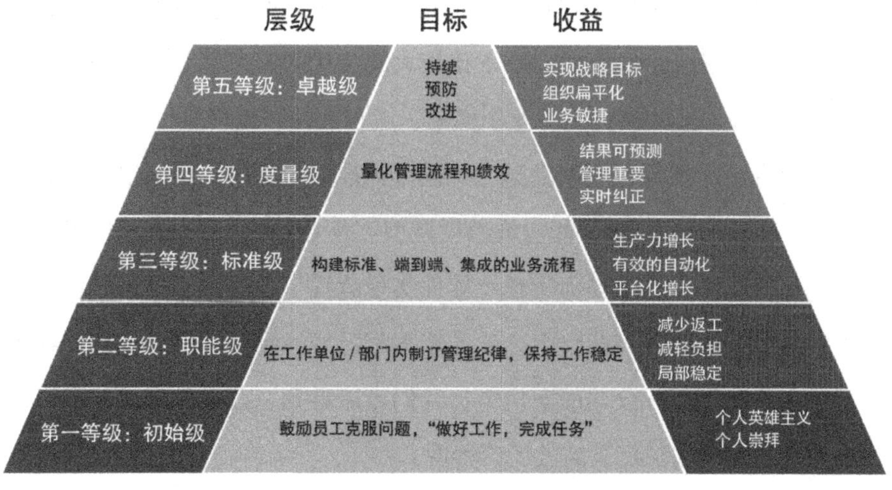

图 1-1　APQC-BMM（流程管理成熟度模型）

图 1-1 所示的模型和我的流程管理实践非常吻合。当企业规模比较小时，对流程的需求并不迫切，这个阶段首先要解决市场培育和生存的问题；商业模式还不稳定，需要经过市场运作来修正。所以，企业规模较小时往往个人英雄主义比较突出。在图 1-1 的模型中，企业规模较小时处于流程成熟度的第一等级（初始级）。但是，很多企业初具规模后并没有意识到流程建设的重要性。目前，国内至少 99% 的企业的流程管理严重滞后于业务发展，企业流程成熟度长期停留在初始级或职能级。

我接触的企业大都通过了包括 ISO9000 在内的很多体系认证，有的是大中型企业，有的是已经初具规模的中小企业，商业模式较为稳定。但是，这些企业在流程成熟度方面仍处于图 1-1 模型中的第一、第二等级，也就是职能和经验在驱动业务运作。

处于成熟度第二等级（职能级）的企业，通常都是各个部门根据职能编制自己的流程，但没有人对跨部门的流程负责。所以，大多数流程只是部门内部的流程，众多跨部门的流程描述不清楚，也就是流程没有端到端的贯通。由此，很多部门经理都在抱怨：跨部门接口的问题太多。然而，无论这些问题积累了多长时间及问题有多么严重，就是没有人对全流程负责。在这个阶段，企业还面临一个比较大的文化问题，就是“部门墙”太厚，并且相关人员的流程执行意识薄弱，流程文件和流程执行“两张皮”。

国内真正达到流程成熟度第三等级（标准级）及第三等级以上的企业非常少。部分通过 CMM（能力成熟度模型）及 CMMI（能力成熟度模型集成）认证的软件企业在局部流程（软件实现流程）上达到了第三等级或第三等级以上，但并不表明整个企业的流程都已经达到那样的成熟度。在下一节关于某印度软件公司的案例中，我们可以看到，高成熟度的流程可以让企业达到怎样的稳定、高效经营程度。

当企业忽略了流程管理的职能，就不得不时时忍受官僚作风、部门本位主义带来的低效率和高成本的问题。在这个充满竞争的市场环境中，企业一定会失去客户——也就是付钱给企业的人或企业。因为客户最终会无法忍受糟糕流程带来的不良结果，他们会感受到企业的交付速度太慢、交付的产品（服务）不是他们想要的、交易成本高（因为企业有太多不增值成本）、认为与企业打交道很麻烦等。所以，从长期看，客户会选择流程更优秀的企业，因为他们可以享受到快速、正确、便宜、方便的服务。

华为的流程成熟度接近度量级。当然，华为不同业务的成熟度还是有差别的，如运营商业务比消费者业务的流程成熟度高，这和业务发展阶段、客户的要求及竞争环境有关。很多企业对标华为，尤其在行业利润率不断下降的今天，大家开始重视管理、向华为学管理，但我们要清醒地认识到：华为的流程管理能力是经过多年的培育形成的。华为建立了流程治理的组织保障和运作机制。从最初导入 ISO9000 体系开始，到后来实施一系列的端到端的流程变革，其在流程意识的普及和修炼内功上的投入是非常巨大的。所以，企业必须抛弃浮躁心态，从基础做起，结合业务模式进行流程体系的梳理和优化。

流程优化的关键是要打破“部门墙”，将客户价值作为关注的焦点，减少流程中的不增值因素，突出对流程下游环节及最终客户的服务意识。必要时也可以修正企业的战略和商业模式，战略聚焦才能巩固竞争优势。

流程能力培育肯定需要时间，所以，这也是企业竞争的一道门槛。在这个利润率普遍下降的时代，哪一个企业率先走出流程管理的第一步，或许会获得更多的生存和发展机会。

第四节　案例启示：印度软件公司人员流动率 30%，为何还能准时交付产品（服务）

印度每年承接了全球服务外包市场近一半的业务，其中承接的软件外包业务约占全球软件外包市场的 2/3。因此，印度被形象地称为“世界办公室”。

1999 年 11 月，德干高原上降水开始减少，班加罗尔的晴天越发多了起来。对于这里的软件公司来说，和阳光一起增加的是软件公司的员工离职率。

听闻对面的 B 公司“上个月的员工离职率达到了 45%”的消息，刚刚成立的华为印度软件研究所的管理者们既吃惊又担忧。因为软件开发是相对复杂的工作，每个产品（服务）都有其独特性，半数员工离职，对于公司来说是“大换血”。即使能够及时招聘到足够的人手，又怎样让他们顺利接续前人的工作呢？

当时，全球 IT 行业蓬勃发展，对软件人才需求旺盛。“每年都从印度等国引入大量人才。为此，每年 9 月到次年 2 月是发达国家签证申请集中期，印度软件企业的员工离职率甚至高达 40% 以上。”华为的印度软件研究所也要面对同样的冲击。同时，华为印度软件研究所的合作伙伴在这样的情况下交付的产品和服务的质量也是令人担忧的……半年时间一晃而过，但 B 公司运行的健康而又平稳，去年做的外包项目已经保质保量地及时交付。有何诀窍？曾担任华为印度软件研究所所长的吕克撰文分享：“拿我们同一家位于印度马德拉斯市的软件公司项目开发合作经历来看，从当年 8 月项目开始到次年 1 月项目结束，基本上印方参与人员从项目经理到开发人员全部换成了新人。但是，这样超高的员工离职率仍然没能阻碍印度公司高质量地交付项目，基本上没有拖累项目进度，我们这些去‘取经’的人对此十分惊讶，感触良多。”

“取经”？是的。华为在印度设立软件研究所的目的就是引入印度成熟的软件管理规范。

华为的软件工程师一度嘲笑印度软件工程师每天开发代码数量少、效率低，谁知后来反被对方取笑。因为华为的软件开发人员没有流程意识，没有充分定义需求和架构就开始编写代码，并且不重视交付文档编写，所做的工作经常返工或归零。所以，在项目交付的表现上，华为的软件工程师反而比不过印度软件工程师。而且，一旦有老员工离职，对项目的伤害更是巨大的。这也是大多数国内企业的通病。由于缺少对流程能力的培育，人员一旦变动，经验和教训也带走了，留下的可能只是等待折旧的有形资产，真正有价值的资产都没有留下。所以，新人来了以后，又要重新构建自己的流程。如果企业不解决这个问题，又如何形成自己的流程能力呢？想想我们的业务模式和实践经验不能通过流程固化下来并不断进行自我完善，这是多么可怕的一件事情。

为什么印度软件公司能够做到：年度平均人员流动率 30%，而不影响合同的交付质量和交付时间？赵旭在《我们软件业真的差？谈印度与中国之强弱比较》中指出：“印度的软件开发管理的特点是流程重于项目，流程管理人员独立于研发部门，专门检查研发部门的开发流程是不是按照既定流程走。如果流程不对，项目肯定就此停止。另外，所谓的项目经理一般都是从软件开发人员（此处特指一线编写代码的人员）升上来的，至少有 4 年以上的经验，而公司所有的东西（包括草稿）都有文档，其详细文档要求达到只要有这个文档就可以编写代码的程度。”所以，“究其原因，这就是流程的作用，更是成熟的、傻瓜式流程的威力”。

说到印度的软件开发整体能力就必须谈到 CMM。CMM 和 CMMI 是美国卡内基梅隆大学的研究成果，是目前国际上最流行、最实用的软件生产过程标准和软件企业成熟度等级认证标准之一。CMM 的核心是把软件开发视为一个过程，并且根据这一原则对软件开发和维护进行过程监控和研究，以使其更加科学化、标准化，使企业能够更好地实现商业目标。

华为印度软件研究所在 2001 年就通过了 CMM 四级认证。此后，华为北京研究所、华为南京研究所也先后在 2003 年 1 月和 6 月取得 CMM 四级认证。2003 年 8 月，华为印度研究所正式通过 CMM 五级认证。

现在，华为的软件工程师和印度的软件工程师一样，每天编写文档的时间不低于编写代码的时间，项目组人员变动不影响项目进度。只要遵从流程，继任者可以基于现有的文档继续完成开发任务。

华为印度软件研究所是华为流程建设的试验田和先行者。十几年来，华为印度研究所为华为展示了在风高浪大的市场里成熟的流程管理是如何帮助企业稳住船舵的。

第五节　案例启示：从华为的“马电事件”看流程变革的必要性

“马电事件”是华为发展历程中极具标本意义的痛点事件，公司敢于直面在流程、组织及价值观上的众多问题，并且在公司内刊《华为人》232期里进行了案例式的分析和报道，对驱动华为持续的流程变革起到了积极作用。

2010年8月5日，华为董事长的电子邮箱收到了一封投诉信，一封来自马来西亚电信（以下简称马电）CEO的正式投诉信。他指出，“在过去几个月中，华为的表现并没有达到一家国际大公司的专业标准”，请孙亚芳女士“在随后的两周内，到吉隆坡和我及管理团队见面”。是什么事情让马电CEO如此的失望与愤怒？我们来看看华为和马电的合作历程。

当年，华为以在Hajj等重大项目中的出色表现赢得了马电的信任，双方的合作进入蜜月期。

2008年6月，华为中标马电NGN EOT项目；2009年10月，华为获得马电FTTH合同和MSAN合同；2009年11月，马电将Metro Ethernet 3年合同交付华为实施；2009年12月，华为获得BRAS 3年合同并拿下了IPTV EOT项目。

马电系统部主任杨赛总结：“5年前，华为的份额顶不上马电份额第一厂商的1/10，到了2009年年底，华为的市场份额是别人的10倍。”

与销售订单硕果累累的情况相反，项目的交付却是问题重重。项目中标后，因为达不到马电的要求，华为更换了5任项目交付负责人；中标半年后，项目组才与马电在大的技术方向上达成一致；多个产品未能及时开发出合同承诺的功能；华为自己的产品之间对接屡屡出现问题；2000块单板、4500个调制解调器发错了货；割接出错，导致10%的终端用户投诉马电……

马电的一位领导说：“当初我们认为选择华为是对了，现在看起来是错了……你们的失败葬送了我的职业生涯。”

上面这些描述或许太单薄，还不能让大家体会到客户的痛苦，我们一起来看下面几个“小故事”，重温一下身临其境的感觉。

1. 惊险刺激的故事。

马来西亚政府要求2010年3月正式商用IPTV。届时，马来西亚首相要到马电现场体验IPTV、GPON、IMS等业务，同时宣布马来西亚国家宽带正式投入使用。

演示前一天，现场的IPTV每几分钟屏幕就要花一次，根本达不到演示要求。现场缺少必需的测试设备，工程师一面四处寻找测试装备，一面想尽其他办法解决问题，直至深夜才终于解决了问题。数小时后，吉隆坡独立广场绿草如茵，马来西亚首相及其他政府官员和马电的主席、CEO、CTO及马来西亚的新闻媒体人员都出席了现场发布会。后台，马电的员工也罢，华为的员工也罢，所有人都高度紧张，很多工程师手中都攥出了汗水。万幸，现场演示没出问题。马电的主席宣布HSBB和IPTV正式成功商用并推出了马电的全新高速宽带品牌—— TM Unifi。

终于确定演示成功的时候，一个客户主管当场就哭了。

2. 欲哭无泪的故事。

华为解决过无数的运营商网络问题，但缺乏为终端客户解决问题的经验，二者是完全不同的。

某次，由马电的工作人员和华为的工程师及研发专家组成的故障处理小组前往一位高端客户家里进行故障排查工作。

工程师在现场看到，用户家专门制作了一个工作台，用来放置各种网络设备：调制解调器，“光猫”，路由器，交换机，以及一些早已在中国淘汰的设备……各种数据线在工作台上横七竖八的交错。这场面与始终有着良好管理的运营商机房大相径庭。

现场 7 位工程师经过 2.5 小时的故障排查，始终找不到问题出在哪里。最后，研发工程师拿着计算机，用一套在市场上已经找不到的集线器逐步做镜像排查才找到问题的原因：有一根数据线是半双工而不是全双工。加上排除障碍的时间，那次故障处理共用了 3.5 小时。

这只是一个家庭，而当时整个马电的 IPTV 用户数以千计，2010 年年底可能会上升到数万户。更糟糕的是，由于发错货，一些型号错误的调制解调器被发放到终端用户家里，只能挨家挨户地更换。当告知马电这一情况时，“马电的 CTO 抱着头，差不多两分钟没说话，两眼通红，像要哭了”。马电的 CTO 没有发火斥责，但华为在场的人全都红了眼睛。

3. 灾难来临的故事。

2010 年 4 月 24 日，NGN 第二个局点 20000 线割接，虽然合同中规定华为需要对 MDF 数据进行摸底、清理、割接工作，然而，在具体操作中，华为的这些工作没有做到位。割接完毕后，每天出现三四百个问题单，10% 的终端用户投诉马电。更糟糕的是：因为事前没有准备预案，本来半个小时就可以解决的问题，花了 3 个星期才完全恢复。

在万众瞩目的 IPTV 演示之后一个月，马电再次被马来西亚全国的媒体关注，但这一次不是好消息。

这样的事故，对于通信运营商来说是完全不可以接受的。

在项目合作中，马电希望华为是领导者，能为其带来跨产品、跨项目，甚至是跨厂家的管理与服务。但是，华为迟了一步，在项目管理上没有打通，缺乏整网解决方案；同时，对项目的复杂性和项目之间的关联、设备之间的关联，以及网络问题连锁反应等情况都缺乏准备。

痛定思痛，华为依据"一边打仗、一边总结、一边学习、一边复制"的指导原则，在集中力量完成马电项目的同时，也在寻找端到端交付的最佳流程，以便推倒"部门墙"，构建端到端打通的组织。这也是华为实施LTC（从线索到回款）流程变革的原因之一。

原本，华为的合同管理分为两个大阶段，合同获取阶段和合同交付阶段，并且从最前端的项目投标到最后的回款阶段，各功能部门是"铁路警察，各管一段"。

任正非曾说："货款回收是销售的最末端环节，同时也是全流程矛盾的集中点。合同签订的付款、设备的交付、工厂安装与验收等所有环节出现的问题，都直接影响到货款回收的完成。"马电事件，向大家展示了为什么"货款回收不只是市场及财务部门的责任，还是整个全流程的责任"。

要加强交付的端到端全流程管理，必须要有一个角色或小组进行端到端的、全流程的监控和协调并对最终结果负责。因此，华为建立了由客户责任人（AR）、解决方案责任人（SR）和履行责任人（FR）组成的面向端到端交付的"铁三角"管理模式。

"'铁三角'并不是一个三权分立的制约体系，而是紧紧抱在一起生死与共、聚焦客户需求的共同作战单元。目的只有一个：满足客户的需求，成就客户的理想。"交付"铁三角"的缩写是CC3，它是流程型组织在端到端交付的具体实践模式。

有了“铁三角”，还“要提高合同质量、压缩合同风险，逐步使我们从农民的广种薄收转向有效益的扩张”。提高合同质量的最终目标是提升交易质量，从而实现公司的经营结果，而不是简单地提升合同条款质量。搬砖头的时候，不能忘记了自己是在建造华厦。

为了将这些理念落到实处，改变华为“重销售，轻交付”的文化，就需要引入端到端提升合同质量的理念，建立管理体系和配套考核制度，将提升合同质量落实到考核激励机制上。

以 CC3 为支点，以考核激励机制为杠杆，华为依据 LTC 流程撬动整个公司的销售、研发、生产等管理体系。通过培养合同场景师，建立 CSO（合同管理及履行支持组织）和全球合同中心等多方面的变革举措，打通销售管理，理顺合同授权，对合同履行的全过程进行支持和管理。

客户需求的本质是希望得到技术先进、质量好、价格低的产品和服务。所以，华为 LTC 变革的最终目标是：通过不断优化以客户为中心的运作和管理，提升整体经营指标（财务指标、客户满意度指标、运营绩效指标），实现卓越运营。

第六节　向流程变革要利润

《企业再造》一书的作者之一迈克尔·哈默在1996年出版的另一部专著《超越再造》中举了几个关于企业效率的例子。

“Aetna通常要花28天时间处理房主的保险索赔申请，而其中真正的处理时间只有26分钟。

“克莱斯勒所有物品都由采购部门购买，不到10美元的办公用品的采购工作花在审核、签字、批准上的内部费用高达300美元。

“得州仪器的半导体部门履行一个集成电路订单要花180天时间，而其竞争对手通常能在30天内完成。

“在GTE的客户服务部门，客户首次致电即能解决问题的比例低于2%。”

20多年后的今天，上述这些问题在很多企业里依然存在，尤其是上规模的企业。这几年，深圳市杰成合力科技有限公司（以下简称杰成合力科技）在提供管理咨询服务的过程中也发现不少类似的例子。

“一家通信设备公司的产品返修流程，从提出返修申请到修复后寄回给用户，平均处理周期51天，流程涉及9个部门19个岗位，共有34个活动，但真正有价值的活动不超过6个。

“一家家用电器公司的服务费用处理流程，从通知服务商提交处理申请到支付结算款项给服务商，平均处理周期60天。服务商抱怨重重，影响了对终端用户的服务质量。总部及分公司有 38 个专职结算人员处理单据审核和发票校验，人力成本高。”

造成上面这些问题的深层次原因是：大多数的流程缺乏目标管理，在财务指标和业务流程之间没有建立必要的逻辑关联。复杂的组织结构一方面割裂了流程；另一方面，流程自然繁殖，不断增加补丁。当某一天流程从组织结构的背后浮现出来的时候，除了视觉上的震撼效果以外，我们更多地应该是对变革机制缺失的反思。

每个人都有被烦琐的流程和救火性的事件“绑架”的时刻，以至于很少有时间思考一个基本问题：组织应该如何高效运转，员工应该如何高效工作？具体到本书而言，企业应该如何高效运转，员工应该如何高效工作？

当下，流程变革有更现实的意义，和 20 多年前相比，这个世界变化更快、竞争更充分、客户更挑剔、盈利压力更大，因此，企业要学会向流程优化要利润。

上文提到的那家家用电器公司，在杰成合力科技的咨询顾问辅导下，对服务费用处理流程进行了系统性的分析和优化，发现了流程中 6 个优化切入点。通过删减非增值活动和角色，同时强化 IT 与业务的匹配性，在结算工作量不发生变化的情况下，结算人员从 38 人缩减为 9 人，降低了流程的运营成本。

流程优化的意义是让企业高效运营，尤其是业务协同性高的企业更需要定期审视和优化流程。优秀的人才都喜欢在高效的环境中工作，因为这样更能实现工作的价值和意义，而烦琐的流程会消耗组织中每一个人的激情。这种大企业病会让企业生命周期变短，一旦严重到一定程度，变革的成本会非常高，并且变革的成功率也会大幅度降低。最好的做法是让流程优化成为组织的一项例行化工作，建立流程变革机制，通过对标和差距分析，发现并筛选优化机会点，通过流程优化项目的实施，持续提升组织的效率和利润。

作为一个优秀的管理者，在业务规模增长的同时，始终要关注两个指标：人均产出和人均利润。

第七节　流程变革是数字化转型的基础

企业每年在信息化上的投资非常大，应用了各类系统，但投资回报不高。存在大量的系统孤岛和数据孤岛，没有实现业务高效协同。究其原因，企业缺乏业务的集成化管理，包括内部集成和外部集成。流程管理是实现业务集成化、标准化和模板化的途径。如果只是将现有的碎片化的流程固化到系统中，流程的问题并没有得到改善，反而被系统放大，自然会导致系统低效运作。所以，数字化转型的基础是流程，流程反映了业务流，承载了绩效、质量、风控、数据的要求。没有高质量的流程，就不会有高质量的数据。如果流程的活动缺乏明确的规则和标准，就会输出大量不规范、不准确的数据给下游，从而影响业务活动和决策活动的有效性。

企业在流程变革上比较被动，通常是因为要启用各类应用系统（比如ERP、CRM 等）时才开始成立项目组，梳理业务流程，从蓝图规划、现状还原、未来流程设计再固化到系统，十分漫长。这还算比较理想的状况。有的企业启用系统，只是将现有的流程固化进去。过去没有启用系统，流程还比较灵活，大家可以自由发挥，可以规避流程；现在启用了系统，矛盾集中爆发，大家纷纷抱怨系统不好用，效率更低了。其实，这是由于流程长期缺乏优化的原因导致的，随着组织规模变大、分工变细，流程进一步被割裂，同时非增值的活动大量衍生，使得数字化转型困难重重。有一个典型的痛点——企业没有流程架构，由于缺乏流程架构，流程野蛮生长，业务能力规划无法进行，IT 应用架构规划更缺乏基础。此时，谈数字化转型，只是空中楼阁。

目前，众多上规模的企业除了信息化部门，同时还成立了流程管理部。部分企业将流程与信息化工作整合在一起，成立一个一级部门。例如，华为在总部设有质量、流程与信息化部，各业务领域也配置了同样的职能部门或职能人员。通过流程与信息化的管理，双轮驱动数字化转型，实现更好的流程、更好的信息化的目标。

第二章

流程变革，文化先行

导读

第一节　流程变革，从推倒“三座大山”开始

第二节　流程的灵魂——从管控到服务

第三节　有温度的流程

第四节　流程的弹性和刚性——灵活性和规则化的平衡

第五节　营造尊重流程和制度的环境

第六节　谁应该对流程负责

第七节　自我批判和学习型组织

第一节　流程变革，从推倒“三座大山”开始

流程变革的难度，有时会超出我们的想象。流程变革首先触及组织价值观的改造，从以权力为中心到以客户为中心，这种文化层面的变革会影响组织中每个管理者的日常行为。

习惯、本位主义和权力是阻碍变革的“三座大山”。

一家企业的研发部门领导告诉我，他们采购物品通常涉及6个审批流程，先是预算审批流程、采购需求审批流程，再走招标申请报批流程、评标结果报批流程、采购合同评审流程和首期款支付报批流程，这6个流程分别由经营管理部、采购部、招标办、总经办和财务部主导，每个流程都需要一群人会签，这导致采购周期很长，严重影响研发的进度。从各部门角度考虑，这些流程似乎都有存在的必要性。出于控制风险的考虑，需要大量的会签和报批流程，否则，出了问题谁负责呢？另外，从人性的角度来讲，审批会带来权力的快感，可以彰显自身的权威和存在感。但是，企业真正的风险是什么呢？是大公司病。病到一定程度时，企业在市场竞争中将被无情淘汰。当每个局部流程的目标偏离了组织的经营目标，这种风险就开始累积。例如，新产品上市时间滞后，企业会失去市场份额；当客户的订单需求总是得不到及时响应和处理，企业会丢失忠诚的客户；当客户的售后问题得不到快速处理，企业会失去客户满意度。

在我们过去的潜意识里，合规和高效是不能共存的。所以，很多时

候，合规成了流程低效的借口。有家企业的流程经理告诉我，他为了在企业内部普及大家的流程意识，申请买些流程管理方面的书籍给各层级管理人员阅读，掌控预算的培训经理在审批时就将他叫了过去询问：为什么是买 20 本书籍，这个数字是如何计算出来的？为什么偏偏是选中了这本书，选择的理由是什么？当然，他当时面对的远远不止这两个问题。于是，流程经理拿出论文答辩的精神回答了培训经理一系列的问题，最后审批通过。我在想，这个流程经理估计以后再没有兴趣发起第二次这样的申请了。

为什么海底捞的服务员可以决定在什么场景下给客户送西瓜等水果呢？因为海底捞更关注客户满意度和持续消费率，各项经营活动瞄准组织的整体目标。而大多数企业经常为了局部最优，牺牲了组织的整体最优。

其实，管控有更高效的方法，事前定预算、定标准、定关键控制点，事后定期核算和独立方审计，都可以起到控制的效果。在高频率运行的业务流程中，我们不能因为局部利益而偏离了组织经营的大目标。一个组织要高效运营，需要建立一套既合规又灵活的流程规则，要细分各种业务场景，将灵活性融入流程规则设计。

若想推倒阻碍变革的“三座大山”，企业的整个管理团队首先要培育变革意识和格局，有突破自我的勇气和决心，对变革的阻力有充分的预期，不能因为一些变革噪音而动摇。从自身做起，改变管理风格和习惯，通过流程的规则化逐步实现责任下移和前移，强化一线人员的责任感和解决问题的能力及权力。未来的战争是各种业务场景下“班长的战争”，这个“班长”就是对全流程结果负责的主导者，这样的组织才能高效、灵活地“打胜仗”，才能赢得未来。

第二节　流程的灵魂——从管控到服务

在一个企业中，文化是流程的灵魂。文化就是土壤，好的文化会培育出好的流程。因为流程的背后隐藏着价值观，缺失了服务的精神，流程就失去了灵魂。

我曾经在多家企业发现一个“有趣”的现象，办公设备申购全流程要有十几个人签字，最多的有二十几个人签字，并且这是个系统性的问题，不只是办公设备申购，其他类似的流程都是这种状况。签字的人有些是被别人拉进去的，有的是自己挤进流程中去的。所以，大多数企业往往不是基于流程的风险要素来设置控制点，更多的是根据组织层次和权力意识来设置控制点。

是以职能为中心开展工作，还是以客户为中心开展工作，这是流程意识的分水岭。这种文化层面上的革新会触及灵魂。有的企业在流程建设上还没有遇到明显的阻力，只能说明其流程工作仍浮在表面，很多矛盾没有浮出水面。

一个组织挑战自我是非常痛苦的过程，因为这种流程价值观的转变需要改变过去的工作习惯，甚至挑战企业高层管理者的观念。我遇到不少企业的高层管理者起初都很重视流程的建设，但最后发现流程的优化实际上也会对自己的管理模式和习惯的改变提出要求，变革到了自己的头上，这时候就是对高层管理者很痛苦的考验。改变还是维持现状，这是个很艰难的选择。

在流程建设没有深入之前，主要的管理手段是依靠人治，流程管理对企业高层管理者的依赖性很强。而流程优化的一个典型特征是实现责任下移、责任前移的目标，摆脱过去流程责任上移引发的效率下降和责任体系缺失的弊端。我多次在流程研讨会的现场发现流程没有责任主导者，所以只能矛盾上移，导致很多低级别的流程也调用了很多高层次的组织资源。

流程建设的早期阶段，流程价值观宣传的意义要大于实际成果的意义。只有松好了文化土壤，才能提高流程优化的准备度。企业中层以上管理人员的观念首先要转变，并且要主导流程的优化工作，因为流程优化涉及组织资源的优化配置，对相关岗位的工作价值内涵提出了明确的要求，才会促进组织透明度的提高。流程优化的过程实际上就是企业价值回归的过程。有了正确的价值创造导向，流程就有了灵魂。

第三节　有温度的流程

流程的本质是什么？不仅仅是管控和约束，更是对客户的一种服务行为。如果缺失了服务精神，流程就失去了温度。

很多企业不缺流程，尤其是大企业，但缺乏有温度的流程。流程再造，就是要将以自我为中心的管控型组织改造为以客户为中心的服务型组织。

为什么大家愿意去海底捞吃饭呢？因为他们的服务流程有温度，有序而不失热情。如果遇到客户不满意的情况，服务员有权限直接弥补客户，不需要层层审批。

企业规模化后，最容易发生的就是大公司病，各类制度和流程非常健全，但臃肿低效、缺乏温度，没有服务承诺，没有绩效标准，没有绩效评估，没有改善行动。更可怕的是短视的经营方式，追求短期利益，不重视客户的价值主张，不关注企业的可持续发展。

有一次授课期间，我们的一位学员（来自某橱柜企业）现场呈现了一个痛点流程：配件更换申请流程。由于某个配件尺寸不符的问题，橱柜运到客户家里安装不上，需要申请更换配件。通常要两周后才会提供配件，因为这里面牵涉价格评估、经销商和厂商之间的责任归属及费用承担问题。这个流程让客户体验很不好，为了一个小小的配件，企业损失的是客户满意度，以及口碑。在这方面，我们辅导过的志邦橱柜就做得非常好，遇到类似问题，第一时间寄配件到安装现场，然后再找原因和责任归属。如果没有办法归属责任，就从企业的公共赔付基金里支出这笔费用。

以客户为中心的经营价值观，不是挂在墙上让参观的客户欣赏，而是要融入企业的制度和流程设计中，成为服务标准，成为业务规则的一部分。而且，暂时没有流程的地方，更需要通过服务精神去弥补。

有温度的组织、有温度的流程和有温度的员工，才会留住有温度的客户，维持企业基业长青。

第四节　流程的弹性和刚性——灵活性和规则化的平衡

企业在推行流程管理的时候，通常会担心流程固化将导致组织失去灵活性。因此，在推行流程管理的过程中，多少会有些患得患失，企业的高层管理者有时也会有这方面的忧虑，这难免会影响流程管理推行的效果。其实，流程的弹性和刚性并不矛盾。以下是我们经过多年流程优化实践总结出来的思想和观点，供企业参考。

第一，新业务的流程需要弹性，成熟业务的流程需要刚性。

回顾一个企业的成长过程，我们可以发现其早期阶段的战略及商业模式是不稳定的，因此流程及组织都是不稳定的，创业者的能力、经验及文化必然会取代流程。由于组织规模小，并且服务意识强，所以并不影响对客户的服务绩效。其实，大企业中的新业务也是这个道理，同样需要这样的灵活性，因为新业务在业务模式及组织方面都不成熟，需要通过业务实践来探索，初期流程会相对粗放，人的能力和经验更重要。这个时期，流程对人的依赖性一定是最强的。

对于成熟的业务而言，流程是比较容易标准化和固化的。标准化的最大好处是降低成本，对于已经例行化的流程，组织的责任就可以下移，减少企业高层管理者在流程中的过多介入，实现更快的工作速度和耗费更低的资源成本的目标。越成熟的业务，利润率越低，因此，流程的标准化势在必行。

第二，流程的多样化有助于提升流程的弹性和灵活性。

客户群及产品的细分已经成为一种趋势，因为行业竞争促进了客户需求多样化。这种需求的细分会带来业务模式上的细分，流程设计上要充分考虑这一点。我们已经不能用单一的流程去支持所有类别的业务运作，针对大客户和针对普通客户的流程可能会不一样；同一类产品在海外和国内的运作流程会有所差异，比如销售模式有可能不一样，供应模式也会有差异，并且相匹配的组织结构也会有差异，这些差异都需要在流程设计中体现出来。因此，流程一方面要实现共享，另一方面还要反映差异之处。不仅业务流程要多样化，管理流程也是如此。例如，对于招聘流程而言，普通岗位招聘和关键岗位招聘，模式上就不一样。如果我们要招聘行业技术专家这样的关键岗位，企业高层管理者要走到流程的前端去，直接产生影响力，这样才能容易打动所要获取的人才。如果是普通岗位的招聘流程，企业高层管理者往往处在流程的后端；或者说流程成熟后，甚至直接授权给下属，否则会大量占用企业高层管理者的时间资源。因此，从这样的角度看，流程可以是灵活的，但这样的灵活性也需要通过流程的规则来明确，规则明确后就应该是刚性的。

第三，流程的制订过程是弹性的，流程的执行是刚性的。

关于流程的制订，很多企业会走入误区，往往安排一两个人负责流程的制订，然后大家去会签流程文件，这样的流程往往不能真实反映流程运作中的问题和矛盾。我们需要用工作坊（workshop）的方式去讨论流程，详细展现流程现状及其存在的问题。在这个过程中，团队成员都要思考如何优化流程，这样的讨论过程既是个集体学习的过程，也是强化流程意识的过程。因为大家都关注如何更好地为客户服务，如何让流程整体最优而不是局部最优，所以流程的产生过程是弹性的，允许流程参与者提出各种顾虑，充分暴露矛盾，使得流程更真实地反映和支持业务的运作。这样的流程也更容易执行，这样的流程在执行过程中也会减少阻力。

流程固化后，在一定的时期内（比如半年或者一年，取决业务及组织的变化速度）应该稳定运作。这个时期流程的执行是刚性的，流程执行者应该对流程保持尊重感。如果在执行过程中发现流程有不完善的地方，可以由流程负责人补充、完善流程，但在流程改变之前还得严格按流程执行。

流程不是一成不变的，当客户需求、业务模式及竞争环境发生变化时，流程要不断地优化，以适应这些变化因素，这样的流程会更有生命力。所以，流程的变化也反映了流程的弹性。因此，流程的弹性和刚性是持续的循环，从而促进流程的绩效不断提升。

第五节　营造尊重流程和制度的环境

在讨论营造尊重流程和制度的环境的话题前，我们先从一则故事说起。

某国的一位首相去参加一个重要的会议，时间紧迫，司机超速前行。

一位年轻的交通警察截停了首相的专车，准备开出罚单。

司机说：你知道后座上面坐着的人是谁吗？他是首相，我们要赶去参加重要会议。

交通警察说：首相也要遵守交通法规。于是，他开了一张罚单给司机。

这时，首相往前探了探身子，问交通警察：你叫什么名字？交通警察告诉了首相自己的名字。

会议结束后，首相马上给交通警察所在单位的局长打电话，问：你们是否有位叫 ×× 的交通警察？

局长说：是的。

首相说：你的这位部下太了不起了，明明知道我是首相，还开罚单给我的司机。我建议你提拔一下他，这样的人要重用。

局长说：对不起，首相，我不能答应您的这个要求。执法是他的工作本分，我们不能因为他执了一次法就提拔他，我们提拔人员是有流程的。

看完上面这则故事，大家有什么体会？相比之下，我们的企业缺什么？

我们缺少尊重制度和流程的环境。职位越高，破坏规则的频率也越高。走流程太慢，给领导打个电话，流程就被废掉了。

我们不是思考如何优化流程和制度，我们都在借助权力规避流程。于是，流程就成了摆设。

大家经常抱怨：流程和执行“两张皮”。问题是：企业的高层管理者们是否以身作则尊重流程和制度呢？

没有价值认同，没有变革参与，就不会有尊重的基础。

当企业的高层管理者们投入时间去优化流程，带着部下复盘业务，分析业务痛点，对标学习，提炼最佳实践，让流程变得有价值，赋能团队达成业务目标，这就是尊重流程的开始。

华为的一位 VP 曾经带着一批代表处代表，集中 3 天时间讨论销售项目立项流程和模板。相比之下，大家所在的企业的高层管理者们花时间讨论流程了吗？

不少企业的管理人员对流程的认知还停留在审批流程层面，如果不明白业务流程的好坏对企业战略目标和经营目标的影响，又如何愿意花时间去建设流程呢？

好多企业的高层管理者们通常不是流程的主人，而是流程的奴隶。大量的决策上移，大量的协调需要领导出面，每天还被例外事件和救火事件“绑架”。开不完的会，签不完的字……所以，不花时间去优化流程，就不要抱怨流程太低效。

对于企业而言，需要建立一个机制，提拔员工不仅要看业绩，还要看他（她）是否善于总结，是否善于建体系、带队伍，是否有变革意识，是否有变革能力。

我们要相信规则的力量，它会让组织变成“铁军”。

当企业的各层级管理者都成了流程的建设者，流程才会深入人心。再者，流程建设需要持续进行，不能过于激进，要春雨润物细无声。否则，变革会面临巨大的阻力。流程执行还需要定期监控，确保流程被有效遵从；同时，还可以发现流程不合理、不适配的地方，从而为持续优化流程提供切入点。

企业的业务管理者通过持续的变革，让流程变得高效、灵活，才会让大家产生真正的（而非阳奉阴违的）、自愿的（而非被迫的）遵从流程的意愿。

第六节 谁应该对流程负责

不少企业的领导向我讲述他们很头痛的问题：我们的流程都有，但就是执行有问题。流程文件下发后，大家都不会认真看，文件和执行“两张皮”。我首先会反问他们一个问题：流程是怎么制订出来的？是一两个人制订的流程还是通过跨部门团队研讨方式产生的？答案惊人的一致：一两个人编写了流程文件，然后组织大家会审或会签，要么很少有人回馈修正意见，要么各人从本位的角度回馈相冲突的意见，组织会签的人不知道如何整合。谈到这里，我们完全可以想象，这个企业里没有几个人会真正花时间去思考端到端的流程，所以很难保证流程文件的质量。

我们发现国内大多数的企业可以分为两类。其中一类有流程管理的职能，通常由流程管理职能部门来推动企业流程建设。流程管理作为一项职能，可以由独立的流程管理部门承担，也可以由人力资源部、企业管理部、质量管理部、信息技术部中某个部门承担，但有时流程管理部门会代替业务部门编写流程，原因是业务部门太忙，没有时间和精力来编写流程，我们暂且先不评价、分辨这个原因的真实程度。还有一类企业连流程管理的职能都不健全，不知道或没想过应该由谁去推动流程建设。不管是属于哪一类企业，都有一个共性的问题：业务部门负责人或具体做业务的人员游离于（或者说被游离于）流程建设之外，成为旁观者和评论者而不是责任者。那么，业务部门负责人是否应该成为业务流程的责任人呢？这个问题实际上是流程建设最核心的一个问题，根据我们的流程管理实践经验，我们会很坚定地说：必须是！一定要让最明白业务的人主导流程建设，只有这样，才能保证流程与业务策略、业务模式的匹配性，强化流程对业务的引导性，强化流程中组织资源配置的合理性，减少流程的执行阻力。所以，我们有必要讨论一下，在企业整体流程体系建设中，究竟会有哪几类关键角色？分别应该承担什么责任？

首先，我们要清楚流程体系的建设应该包含以下几项关键工作：强化组织内部的流程意识、流程体系规划、流程设计与优化、流程推行实施、流程化组织文化的营造及建立以市场和客户为导向的组织激励机制。围绕这些工作，至少需要以下几类角色：①企业高层管理者及流程管理职能部门，主导流程文化的培育及流程变革赋能；②业务部门负责人，对业务流程规划、设计、宣贯与优化工作负责；③管理部门负责人，对管理支持流程规划、设计、宣贯和优化工作负责；④业务骨干人员，参与末端流程建设，丰富流程的模板和SOP，因为这样才能固化业务实践经验和教训；⑤人力资源部门或相关管理部门负责人，配合企业高层管理者改变企业文化氛围，以及建立市场和客户导向的激励机制。

总而言之，业务部门负责人应该成为流程建设的责任主体，但有一个问题是：很多业务部门负责人对所负责的业务领域很清楚，但缺少流程设计和优化的技能，而且难免会有本位主义。所以，流程管理职能部门要帮助业务部门负责人提高流程意识和技能，并且通过让他们参与一些具体的跨部门流程优化项目的方式，引导业务部门负责人强化这方面的能力。

在企业流程建设的过程中，也可以聘请外部的流程管理专业顾问指导工作，通过培训和辅导的形式来强化员工的流程意识，以及员工的流程设计与优化能力。

另外，还有一个问题是：很多流程都是跨部门运作的，究竟由哪个部门来主导并负责这个流程的建设呢？比如，制造型企业的产品开发流程就会涉及非常多的部门，研发、市场、采购、制造、工程、服务等，就连服务体系中的客户投诉处理流程都会涉及众多部门。我们在很多流程研讨场合都发现：当流程现状图展现出来后，大家都不清楚众多角色中究竟由哪个角色主导和牵引整体流程的运作。针对这个问题，我们的答案是：让流程中相对责任最大的或绩效关联最大的部门负责人成为流程的责任人，如研发部门负责人应该成为研发流程建设的负责人，市场部门负责人应该成为市场流程的负责人，服务部门负责人应该成为服务流程建设的负责人。因为这些流程的绩效会直接影响他们业务的绩效，应该由他们来主导跨部门流程优化团队活动并组织流程的实施。

在确定流程责任人的过程中也会暴露内部组织结构上的缺陷。如果关键流程确定责任人都很困难的话，那么，就说明组织和流程的匹配性不够。尽管有些流程可能涉及很多部门，但现实状况都是“铁路警察，各管一段”，就是找不出一个部门主导端到端的全流程的运作，那就需要重新调整组织的职能定位。

总而言之，通过落实流程建设责任，可以强化一个组织的横向管理能力（过程能力）。过去，职能型的组织在纵向管理能力上是比较强的，但在以市场和客户为导向的横向管理上非常薄弱，这方面可以通过跨部门流程团队活动及流程审计等流程管理职能的实施而得以强化，从而促进内部组织向流程化组织转变，以提升对市场和客户需求的响应能力。

第七节　自我批判和学习型组织

变革，首先要从暴露问题开始，组织需要有自我批判的精神。对标和差距意识，要成为企业变革的驱动力。企业各层级管理者要承担变革的责任，主导和参与变革的规划和实施。

自我批判是学习型组织的特征。建立学习型组织，不是仅仅开展个读书会活动或做些培训就可以了，而是从远景、战略、客户、对手等维度审视当前的差距，强化变革意识，通过学习开阔格局和视野，并且通过变革实现组织赋能。

我发现一个普遍的现象：在和好多企业的各个部门主管交谈时，大家很少谈自己的问题，通常都在抱怨别的部门效率低，也就是组织的自我防卫意识强。这反映出企业在自我批判文化建设上的缺失。长期下去，组织里的各层级管理者会故步自封，变成井底之蛙，要么瞎指挥、瞎折腾，要么碌碌无为、温水煮青蛙。

自我批判是促进企业管理者自我修炼和快速进步的优良品质。我们需要不断总结经验和教训，我们要和优秀的企业、优秀的人员交流，“用一杯咖啡吸收宇宙的能量”。

自我批判的文化要融入企业的各类制度和机制上，并且成为各层级管理者的日常行为准则和习惯。标杆企业的做法是直达问题和解决方案，不会在维护面子上浪费太多时间。比如，华为的各层级管理者在做述职报告时先谈不足，再谈成绩。

华为 2000 年举办的研发体系反思交流大会上，给研发部门的项目经理和产品经理发呆滞物料，每个管理者上来领奖都要讲述一个发生在自己身上的案例，说明由于缺乏流程意识给公司造成多少物料浪费。这就是一个集体的自我批判过程，所有参会人员印象深刻，对华为的流程变革也起到了推进作用。

一个真正的学习型组织，是善于自我反省、勇于变革的组织。

第三章

流程变革的目标：构建高效的流程化组织

导读

第一节　流程裂变：去中心化和去中间化

第二节　什么是流程化组织

第三节　打造流程化组织对企业的战略意义

第四节　“班长的战争”“让听得见炮声的人呼唤炮火”

第五节　流程变革的时机、成本和收益

第一节　流程裂变：去中心化和去中间化

数字化时代已经来临。AI、“刷脸”、无人超市、数字化工厂、智能化大厦等新鲜事物层出不穷，我们的工作方式和生活方式正在发生变化，并且变化的速度越来越快。但是，和几十年前相比，企业的流程并没有太大变化，低效、臃肿，和这个时代格格不入。虽然多数企业上了各类信息化系统，但并没有解决流程的低效问题。比如，采购申请、合同报批、付款申请这些流程都要十几个人签字。这样的例子太多，不仅仅是管理类流程，业务流程也有这个趋势。为什么实施信息化后还会这样呢？因为流程再造不仅是技术层面的，也是人的层面的。人的习惯、本位主义和权力是变革的最大阻力。数字化转型为我们提供了重构业务模式、再造流程的技术手段，但如果组织的经营价值观不发生变化，变革就缺乏基础。

企业的流程一般面临两大问题：碎片化和行政化。碎片化是指存在大量的流程孤岛，导致业务断点多的现象屡屡发生；行政化是指流程只有管控，没有服务，导致业务效率低下。

流程碎片化是因为企业的流程不是以客户为中心，而是以职能为中心，基于本位需求不断增加流程，出现一个问题就增加一个流程，因此形成大量的流程孤岛。信息化孤岛的背后就是流程孤岛。

流程行政化就是权力意识已经渗透到企业经营的各个层面，甚至很多业务流程都有行政化的趋势。比如，新产品开发过程中和新物料有关的流程多如牛毛，甚至包括物料选型、供方认证、招投标、合同签订等支撑流程的审批节点也比较多，流程复杂、臃肿，导致认证和采购周期长，影响新产品开发周期。

流程碎片化、行政化都是缺乏流程治理的表现。企业数字化转型的最大挑战是缺乏流程治理的能力。业务和 IT 之间缺乏有效的连接：业务人员不懂 IT，IT 人员不懂业务。如果不用流程的方式将业务显性化和优化，针对 IT 的投资通常不能产生价值。

通过流程治理，形成企业价值链的共识。共识不仅是理念层面的（客户导向意识），也包括业务规则层面（流程定义）。缺乏共识会带来内外部沟通成本高的问题，大量的工作需要领导协调，造成决策上移、资源配置错位等现象层出不穷。

流程裂变的目标是将臃肿的职能化组织分解成众多高效灵活的作战单元。通过流程变革加速去中间化和去中心化，去中间化就是去掉不增值的冗余环节，比如中转、重复审批等；去中心化是减少对领导的依赖性，关注各个业务场景的高效运作，通过流程的责任下移、责任前移，提升一线人员的业务责任和业务协同能力。未来的战争，就是“班长的战争”，这个“班长”是指各个流程的 owner（执行者、所有者、主导者），是项目经理，是对全流程负责的人。

去中心化不代表业务失控，对业务的控制可以通过 3 个方面实现：预算和核算（关注项目利润）、业务集成（流程架构管理）和流程运营（流程成熟度评估、绩效监控、流程遵从性测试、流程审计等）。

流程治理有利于形成共识，这需要全员参与变革。流程治理不仅是企业管理部门的责任，更是各领域业务管理者的责任，我们需要定义各级 PO 及运作机制。通过流程治理，将运动式变革转变为常态化变革，推动业务模式和流程的再造，实现企业内外部业务集成的目标，消除业务断点和痛点现象，为数字化转型提供基础。

第二节　什么是流程化组织

华为的创始人之一任正非曾明确指出：“企业管理的目标是建设从客户中来、到客户中去的流程化组织。”

《华为公司的核心价值观》里有一条关于流程化组织的定义：“基于流程分配权力、资源及责任的组织就是流程化组织。跟流程运作无关的人员及组织必须裁掉，这就是流程化组织。”

流程化组织和传统的职能型组织究竟有什么区别呢？我认为这是服务型组织和权力型组织的区别。前者以客户为中心，后者以本位主义为中心。

职能型的组织只有结果管理而缺乏过程管理，企业每年的经营目标分解到每个部门和每个个体，然后层层汇报目标的达成情况。然而，每个部门需要做什么和怎么做才能达成目标呢？这才是关键问题。在上规模的企业里，每个部门在完成目标的过程中都需要跨部门协同，但横向调配资源很困难、很低效，没有高级别的领导出面，资源还协调不动。比如，在新产品开发过程中需要采购新物料，采购周期长会导致研发周期长，但采购在行政上不归属于研发部门管理，研发部门无法调动采购部门，这里就有“部门墙”。另外，业务流程运作过程中大量的业务事项需要决策，但审批的流程很烦琐，会直接影响业务目标的达成。我记得有家企业的分公司总经理向我抱怨过，每次提交合同审批，没有半个月时间审批不下来。所以，职能型组织最大的弊端是没有围绕商业成功模式设计流程及配套组织，这直接导致企业在资源的配置及各类事项的决策上产生一系列的效率问题，局部最优而整体不优。还有，职能型组织在业务管理上是粗放的，虽然不少企业也有大量的制度和流程，但都是基于权力设计的管控流程，有明显的行政化特征。而且，为企业带来利润的核心业务的流程也是粗放的，没有提炼和固化，靠经验和个人英雄主义取代流程。

当组织和流程的主次关系发生变化时，上述问题才能得到根本解决。如果是组织决定流程，那么就会因人设岗、因岗设事，从而产生冗余的组织和人员。如果是流程决定组织，那么就会因事设岗、因岗设人，从而消除冗余的组织和人员。

任正非在华为 2000 年的产品线管理办公室工作汇报会上提出："全公司组织结构的确定，要先理顺主干流程，再根据主干流程确定组织结构，其中有两个原则必须遵守。一是必须要收缩战线，二是要变成时效型组织。"

华为的集成产品开发（IPD）和从线索到回款（LTC）两大主干流程建设，都是基于流程重新定义组织和职责。IPD 流程的建设，产生了 IRB、IPMT、PDT 这样的角色，是匹配端到端研发流程的横向组织保障。LTC 也集成了营销、解决方案、交付等组织，从合同获取到合同交付，构建了高效的协同团队。

矩阵化组织或多维组织是企业规模变大以后的自然结果，从专业、产品、客户、区域等各个维度都会催生出不同的组织设计，关键是如何高效协同。

当组织开始变得复杂时，建设流程化组织的必要性就会凸显出来。因此，必须围绕组织的商业成功模式，设计端到端的业务流程及配套的支撑流程，然后，基于流程中各角色的分工来分配部门职责和岗位职责。

当主流程、子流程、关键业务活动和关键控制点的规则变得清晰后，权力就可以下放，让流程高效运转。企业通过预算、核算和审计的手段，确保按流程、按规则行使权力。

第三节　打造流程化组织对企业的战略意义

入编《中国管理咨询业实战名家》一书时，我接受了中国财经出版传媒集团的记者采访，重点谈了打造流程化组织对企业的战略意义。本书引用其中一部分我的观点，如下所述。

“战略是做正确的事，流程是正确地做事。再好的战略，如果没有组织执行力保障，也没有任何竞争优势。所有的战略和商业模式都可以模仿，但执行力很难模仿。而执行力的基础就是流程，好的流程要实现快速、正确、便宜、方便的目标。好的执行力需要通过流程来固化，变成标准的模板，使得所有的员工按照正确、高效的流程做事，提升组织的效率和效益。

“没有流程化管理，企业也能做大，但不强，抵御不了市场风险，最后‘大’就成了很重的负担。

“企业导入流程管理，企业领导者首先要对流程管理带来的战略价值有一个较为深刻的认识，这样才能坚定自己的信念，才会有持续的资源投入。这一点，华为就做得很好，在公司体量不大的时候就开始对标和总结最佳实践，逐步导入标准化管理和集成化管理。我认为，流程化组织建设支撑企业做大做强，主要表现在以下 3 个方面。

“一是解放高层管理者。企业经营是团体行为，企业家再强大也是个体。如果企业没有建立以客户为中心的流程化管理体系，企业规模越大，组织效率越低，大公司病会越来越严重，严重阻碍企业发展，企业最终会失去市场份额。企业高层管理者的资源、精力有限，必须学会授权，通过构建规则系统来实现责任下移的目的，将自己从繁杂的重复性琐事中解放出来，使自己有更多精力关注战略性目标的实现。

“二是打造高效的职业化团队。人才是组织发展的瓶颈。通过流程的标准化可以复制优秀人才，减少对人的依赖性，将个体能力转化成组织能力。比如，华为通过管理者轮岗制度催生了人才辈出的现象，为企业发展提供了充足的人才保障，避免人员变动导致组织绩效不稳定。

“三是构建运营上的竞争优势。通过流程的持续变革可以构建支撑战略的关键业务能力。组织需要有均衡的能力，不能有明显的短板，而流程优化可以解决短板问题。一个流程化组织在体量大的时候仍可以实现敏捷化运营的目标，为客户提供快速有效的服务。这种能力可以让企业获取更多的商机。”

第四节 “班长的战争”“让听得见炮声的人呼唤炮火”

自第二次世界大战以来，军队的作战方式及组织运作发生了重大变革。第二次世界大战时期，通常以军、师为单位进行指挥作战；而现代战争是在统筹规划下化整为零，以班组为单位灵活作战。一个典型的 3 到 6 人的轻量级团队，有战斗专家、情报专家和火力专家。战斗专家负责保护团队的安全；情报专家负责收集敌情，了解敌方目标的准确位置、人数、配置和设施等信息；火力专家制订作战方案，向后方呼唤炮火，以摧毁目标，也就是“让听得见炮声的人呼唤炮火”。华为的销售铁三角就是借鉴这种班组的运作模式而组建的，配备 3 个关键角色：客户经理（客户关系专家）、解决方案专家和交付专家。客户经理要对最终的合同签订负责，也就是对结果负责的班长。当然，对于重大的项目，代表处负责人可以亲自担任班长。这 3 个角色仅仅是核心角色，还可以根据需要扩充更多的角色，比如标书设计专家、法务专家、税务专家等，基于各个业务场景内的角色分工进行资源配置。

华为的管理变革是向流程化组织转型，让组织变得更高效、灵活，同时又合规、可控。

“班长”指挥“战争”，在各个业务领域比比皆是。比如，PDT（产品开发团队）经理就是执行产品开发流程的班长，从接收项目任务书开始到产品上市，对全流程端到端负责。PDT 经理要依据流程各阶段的活动分工和角色资源匹配，指挥各个流程角色人员协同工作，在约定的时间、预算内推出合格产品并使之成功上市。

领导可以在关键的时刻做商业决策，专家团队可以在关键的技术控制点上做专业评审，一切遵从流程定义好的评审规则。

企业在建设流程化组织的进程中最需要强化的角色就是“班长”。“班长”不是指基层部门的基层管理者，而是各个流程中的主导角色。班组成员就是流程中承接各个专业分工的角色。

“班长”指挥“战争”，沿着流程进行端到端管理。前提是建立清晰的流程，明确各个角色的专业活动和价值贡献。

基于流程赋权，赋予一线“班长”权限，实施业务场景化管理，可以让组织实现敏捷化运作的目标。

“班长”无处不在。比如，接待一批重要的客户来访就需要“班长”依据接待业务流程进行接待策划、实施和总结工作。“班长”要对来访的客户的客户满意度负责，同时也要对接待必须达到的业务目标负责。“班长”就是这个接待项目的项目经理，将重要客户接待作为项目来管理。“班长”可以根据接待流程中的规则调动各类资源，甚至可以指挥各级领导参与接待流程。

一个中等规模的企业应该有几百个 L3 级别的流程。如果这些事项都要靠领导来驱动，组织效率会非常低下，尤其是跨部门调动资源需要大量的领导协调工作，有时还要强调职位对等性，沟通成本很高。这个过程会衍生出大量非增值的活动。

当企业的业务规模快速增长时，需要培育更多的“班长”来承接流程中的主导角色、指挥各个“战役”，通过优秀的流程赋能“班长”“打胜仗”。

第五节　流程变革的时机、成本和收益

流程变革是伴随业务发展的长周期、例行化的行为。对于流程成熟度高的企业而言，在年度战略规划和战略解码阶段同时会做好变革预算工作，包括流程变革规划、IT 规划等。但是，多数企业还缺乏变革意识及配套的变革组织、变革机制支撑，还没有持续的变革预算，变革通常带有偶发性、运动式的特征。

变革的投资回报，早期还难以用财务指标来衡量，除非企业已经建立了流程度量指标体系，以及健全的系统数据和财务数据。变革的成果会有滞后期，需要通过流程的推行实施后进行较为准确的效果评价，多数会通过流程指标前后对比来展示变革收益。比如，华为的 IPD 推行 5 年后，开发周期平均缩短 50%；产品故障率下降 95%；客户满意度达到 85%，上升 6%。再如，IBM 公司实施供应链变革后，订单交付准时率从原来的 30%~60% 提升至 98%。

流程再造理论提出者迈克尔·哈默也分享过一个非常经典的订单交付流程优化案例，如下所述。

航空业某家零部件公司，订单交付流程非常复杂。从客户发起询价到交付客户所需要的产品，周期很长。当时，该公司的流程梳理小组通过线下绘图的方式将整个流程现状图还原出来，发现这个流程图有 3.6 米长，

总共有 94 个流程步骤。大家经过分析发现，94 个步骤里只有 11 个步骤是跟客户有关系的增值活动，其他的活动都是多余的活动或辅助活动。后来，他们对这个流程做了系统性的变革，将 94 个流程步骤精简到 28 个流程步骤，保留了 11 个跟客户有关的增值步骤，同时也保留了 17 个辅助性的流程步骤。那么，这个流程优化后产生了什么效果呢？订单交付的准时率从过去的 15% 提升到了 90%；完美订单指标（指在规定的时间、规定的地点，交付正确的产品给客户的订单比例）从过去的 10% 提升到 85%。从客户询价到报价的时间，由过去的 48 个小时缩短到 6 个小时。

廉价航空的引领者——美国西南航空公司也是流程变革做得出色的公司之一。通过应用流程思维，1992—1993 年的两年之内，它的飞行成本从每英里 10 美分降低到 7.1 美分；在美国加利福尼亚州的市场份额从 26% 增加到 45%；平均每架飞机比竞争对手少雇佣 46% 的员工。

企业除了打破自身内部的“部门墙”之外，通过打通其与供应商和客户之间的“墙”，也可以产生流程变革的收益。

Adaptec 公司通过跨公司的业务流程合并，将其与供应商的信息传递时间从 4~6 天缩短为几分钟；制造方的工程师能够在计算机上直接浏览 Adaptec 的电路设计图并与设计者沟通。这使得其设计周期缩短 66%，生产时间缩短 50%，存货占用资金减少 900 万美元。

流程变革，最好在企业发展良好的阶段进行，这是变革的最佳时机，因为这个阶段企业有财力和资源。变革是对未来的投入，是企业持续健康增长的能力保障。但是，企业发展好的时候通常缺乏危机感，需要管理层居安思危，有战略格局和视野，才能实施主动式变革。否则，企业的规模越大，变革的成本也会越高，组织的习惯、本位主义会越来越严重，变革的阻力也会越大。

第四章

强化变革的动机

导读

第一节　用远景与战略激发组织变革的动力

第二节　对标的力量

第三节　走访客户

第四节　穿越流程之旅

第五节　打破本位主义，建立轮岗制度

第六节　营造“着火的平台”，强化变革意识

第一节 用远景与战略激发组织变革的动力

基于变革的动因和实施的时机，企业的变革可以分为主动式变革和被动式变革。主动式变革是有预见性的变革，变革的动力来源于组织的远景，是领导层高瞻远瞩的决策。被动式变革主要表现为痛点驱动型的变革，是企业迫于外部压力而进行的危机应对。

当企业准备启动流程变革的时候，首先要想清楚一个问题：为什么要变革？

我发现大多数企业的变革都是痛点驱动型的变革。我记得有家企业的领导和我说："我们公司的合同评审效率太低了，一个月都下不来，影响到我们合同签订的进度。"另一家企业的管理者向我请教："我们的采购流程效率太低了，从提交物料采购申请到物料交付，整个周期太长，对公司的产品研发、订单交付都造成了影响。能不能通过流程变革把这些问题都解决掉？"还有，某家企业的总经理问我："我们的 OA 审批流程太复杂了，能否优化一下？"这些都是非常现实的变革需求。

在内外部重压之下，企业普遍会有焦虑感，这也是为什么许多企业要采取快赢的变革策略先解决部分痛点问题来消除变革焦虑的原因。那么，这种痛点驱动型的变革有什么问题吗？

首先，我认为所有的变革都值得赞赏。暴露问题和解决问题需要勇气，痛点驱动型的变革一定是企业流程变革的重要组成部分。既然发生了问题，就必须通过变革解决问题。但是，它不应该成为流程变革的主旋律。因为流程变革的碎片化体现为各个点上的局部优化，容易导致整体不优的结果；另外，管理层过于关注微观层面的优化、注重变革的短期收益，容易忽略战略变化对内部变革的需求。

以下是A公司的例子，它反映了企业深陷当前的业务焦点而无法看得更远，过于关注短期痛点的解决而忽略了平台化能力建设，即使做了优化也无法支撑公司可持续发展。

A公司每年都有几千个电池订单，这些电池的应用范围涵盖了电脑到电动车等诸多领域。每个订单的电池性能、外形和接口等设计要求都不相同。研发人员与工艺人员为每个订单殚精竭虑；而历年积累下来的产品型号数以万计，生产线与维护人员疲于奔命。

因为业绩的压力，A公司不愿放弃任何一个订单。而研发管理人员则一直把流程优化的重点放在研发与工艺、生产的协同等方面，雪片一样的订单使他们实在无法抽调骨干去对产品进行平台化能力建设。

…………

从第三方视角看，基于全局观察分析，我们会很明确地知道：如果不尽快将产品平台化、模块化，无论怎样优化各个部门之间的协调、配合，A公司都无法摆脱效率低下的问题。随着时间的推移，问题将会越发严重。所以，A公司需要强化平台化产品规划、开发的能力，以提升研发工作的整体效率和产能。

痛点驱动的、局部环节的流程变革也能够为企业带来收益，但无法摆脱缺乏全局观和长远规划而带来的种种问题。因此，有的企业的管理部门想到利用低层次的成功优化展示变革的必要性，自下而上地影响管理层，进而推动整个企业进行全局的流程变革。作为推行流程变革的先行者，他们的努力是非常值得尊重的。然而，他们付出的努力经常被管理层忽视。因此，他们走的是一条非常艰辛的变革之路。

目前，国内的企业大都属于交易型组织，而不是远景驱动型组织。对于企业来说，当期的销售收入和利润都是重中之重。而来自市场环境的竞争压力使得企业的领导者没有足够的精力去关注中长期发展。因此，企业不可避免地具有短视化的经营模式，绝大多数企业都缺乏远景规划。带有这样基因的企业，内部很难形成变革共识，因为变革的短期收益不会太明显，大家缺乏变革动力。而没有变革共识，则不会有持续的变革投入。

来自底层变革者的努力除非被企业最高管理层认可，否则，自下而上的变革都很难获得完全的胜利。

长时间独自的奋斗，难免消磨勇者的士气。当投入的事业没有发展远景，当企业不能为他们提供更大的舞台，优秀人才的流失最终会变成无法回避的问题。

华为年销售收入只有 20 多亿元的时候，任正非就提出：华为要成为全球前三强，要成为世界级企业，并且把这一点写入了《华为基本法》里：华为的追求是在电子信息领域实现顾客的梦想，并且依靠点点滴滴、锲而不舍的艰苦追求，使我们成为世界级领先企业。任正非在《华为的红旗到底能打多久》中解释："也许大家觉得可笑，小小的华为公司竟提出这么狂的口号，特别是前几年的时候。但是，正因为这种目标导向，才使我们从昨天走到了今天。我们若不树立一个企业发展的目标和导向，就无法让客户信赖我们，也无法让员工树立远大的奋斗目标并拥有脚踏实地的精神……华为公司若不想消亡，就一定要有世界领先的概念。"

如果只有这样的口号，华为的远景规划算不上是切实的。华为是通过持续的、系统性的流程变革和信息化实施工作，实现了匹配战略的业务能力构建目标。

华为最初启动管理变革是因为：要建设世界级领先企业，就需要世界领先的管理体系来支撑公司的规模化发展。这是所有优秀企业都可以借鉴的经验。

企业的规模发展和建立管理基础并不矛盾，反而可以相互促进，让企业的规模高质量增长。

疯狂接单的A公司追求的是销售规模，华为也曾经处于同样的发展阶段。任正非曾说："规模小时面对的都是外部因素，是客观规律，是难以以人的意志为转移的，必然抗不住风暴。"任正非并不否认企业的规模大是一种优势。然而，我们千万不能忽视"规模优势的基础是管理"。"企业缩小规模就会失去竞争力；扩大规模，不能有效管理，又会面临'死亡'问题"。

随着公司规模增大和市场环境的变化，华为从以销售额为导向的增长策略转向"以利润为中心，但不能追求利润最大化"的战略方向。任正非说：华为的经营结果以利润为中心。但是，这个利润有近期的，有中长期的，也有远期的。公司的经营目标不能追求利润最大化，利润最大化实际上就是在榨干未来，伤害了战略地位。

我在华为工作期间，公司曾让我组织起草《虚拟利润法》。根据任正非的要求，对事业部的一把手考核不能只看当期利润，还要测算未来的利润，这就需要建立测算模型。模型要考虑到影响未来利润的各个参数，比如研发的投入、营销的投入，以及流程变革与信息化的投入，等等。这些面向未来的投入少了，当期利润自然高了。所以，组织需要均衡发展，不是当期利润越高越好。否则，会透支企业未来的发展。如此宏观而又精微的战略意图，对于某个业务或部门的管理者来说，是需要时间去学习和理解的。否则，即便发起局部变革，也无法精准支撑这样的战略目标。所以，远景和战略驱动型变革要成为企业变革的主旋律。掌控全局的企业领航者发起主动式的变革，为企业的可持续发展建立管理基础。

第二节　对标的力量

企业家和管理团队的格局和视野决定了企业未来的发展空间。和优秀的企业、优秀的企业领导者对标，才能树立正确的价值观、经营观，才能发现企业经营过程中各个领域的差距，激发组织变革的动力。“近朱者赤，近墨者黑”，这就是最鲜明的写照。

我接触过不少企业，发现真正做事业的企业家都非常关注优秀的企业是如何成长的，成功的企业是如何做管理的，这表明企业家们有很强的对标意识。

我们看到一些优秀的企业，往往在外部环境不好的时候勇于化“危”为“机”，始终保持长线经营思维。从现代商业发展史来看，很多优秀的企业都是在逆境中化困难为机会慢慢成长起来的。

德国的博世公司从1886年成立至今，经历了两次世界大战，甚至一度被夷为平地，但依旧成为在多个领域有亮眼表现的跨国公司。

两次世界大战对博世公司的影响是非常巨大的。第一次世界大战前，博世公司是汽车点火系统的霸主。它用了28年的时间，在欧洲、美洲建立了自己的工厂，销售代表处覆盖各大洲的多个国家——包括中国。1913年，德国以外市场的业务占博世公司销售总额的88%。

第一次世界大战爆发后，博世公司的全部外国市场一夜之间消失，研发工作被迫中断，约有一半的劳动力去服兵役。

第一次世界大战结束后，博世公司面临众多挑战：国际资产流失、竞争处于不利地位、专利也被撤销。但是，博世公司锲而不舍、永不言弃，第一次世界大战后的几十年时间，将公司的产品从点火系统扩展到车灯、喇叭、雨刮器、柴油喷射泵、冲击钻、冰箱……并且通过进入电动工具、热力技术、无线电和电视技术等全新领域，再次成为有竞争力的跨国公司，直至第二次世界大战带来的重大挑战。

第二次世界大战，博世公司面临的问题更为复杂和严峻，甚至大部分工厂都被夷为平地。

第二次世界大战结束后，博世公司再一次失去了在全球各地的生产基地，很大一部分生产设施变成废墟，国际资产遭到侵占。

博世公司清理废墟、重建工厂，重新寻找合作伙伴，并且为员工创造工作机会。

现在的博世公司拥有四大业务领域，有近 40 万名员工，2019 财年销售收入达 700 多亿欧元。①

和博世公司相比，大多数企业遇到的困难都不算什么。多次挫折会让优秀的企业变得更强大。

从华为 20 多年的变革历史来看，哪怕遭遇“华为的冬天”，变革也没有终止，华为就是通过持续的对标和变革来对组织进行赋能。任正非要求华为的管理者和员工都要有学习意识，“要用一杯咖啡吸收宇宙的能量”。

1997 年年底，任正非带着几位高级副总裁考察了 IBM 等全球知名高科技公司，回国以后组织我们总监以上的管理者学习和讨论，从而启动了华

① 以上信息来自财富中文网。

为的变革之旅。其实，任正非在考察 IBM 公司之前，也就是 1996 年，他就提出了华为全球化发展的远景，虽然那个时候华为的市场规模只有几十亿元，但任正非多次在会议中提到：未来全球电信设备市场三分天下，华为会是其中之一。由此，我们可以看到华为的变革是远景驱动型的。

华为在快速成长期就瞄准了世界级的公司，学习世界级公司是怎么做管理的。因为华为的全球化战略决定了整个华为的发展路线：从农村包围城市，再到全球化发展。

在不同的阶段，企业对管理的成熟度的要求有很大的差别。因为华为的客户在发生变化，竞争对手也发生变化。过去，公司规模小的时候，聚焦农村及县级市场，目标客户对华为的管理水平要求没有那么高，产品故障率高一些，只要客户服务能弥补，客户也不会施加太大的压力给华为。但是，当公司的战略发生变化，从农村走向城市，再走向全球化发展，面对的都是世界级的客户，竞争对手也是世界级的公司，公司的管理体系就必须去适配公司的战略、匹配客户合理的需求和期望。只有这样，公司才有机会在残酷的竞争环境里生存下去。

相比“混圈子”、建关系，对标和学习才是企业家提升自我的首要选择。

在预感到华为的冬天即将来临的时候，任正非去了刚刚经历过“失去 10 年”的日本。他要看看日本企业，看看日本的人民，看看都有哪些经验教训可以被华为借鉴。在日本，任正非不但看到了日本人民淡然面对困境的勇气和奋斗精神，还看到了很多华为可以直接借鉴的经验教训：比如规范化的管理经验；当然，也有“三剩”问题、缓慢的决策、国际化不足等教训。既然日本企业自认国际化不足，那么到底怎样才算“国际化”呢？科技企业发展最为蓬勃的美国是如何做的呢？世界上最为先进的企业是如何让自己在市场中制胜的呢？带着问题，任正非去了美国考察。

在美国，任正非看到了创新精神，看到了优良的企业管理，看到了机会对企业发展的作用，也看到了美国人居然也有忘我献身精神。通过这次考察，任正非找到了阻碍华为发展的主要内因：缺乏优良的管理制度。由此，华为迎来了持续20年的管理变革。

在华为，对标意识是华为领导层共有的意识。在工作中，在生活中，在旅途中，他们时时刻刻都在考察、对标。在孙亚芳所写的《以色列崛起之谜》中我们也可以清晰地看到这一点。仅仅4天的访问时间，行色匆匆的孙亚芳却看到了以色列的民族精神：自强不息、执着追求、团结而善于化解矛盾、善于发现并学习他人的优点、敢于直面挑战的创新精神和勤俭节约的主人翁精神。这些，都是对华为有益的精神营养，是华为文化建设可以对标的地方。

对标的目的是学习，是吸纳，是“博采众长，为我所用”。

通过对标，企业可以向业界标杆学习先进的管理经验，达到“近朱者赤”的目的。基于对标的管理变革可以帮助企业持续健康增长，走向成功。

“过去的成就与辉煌不可能自然演进，不进则退，这就是历史的必然。”如果企业不能在发展过程中时刻向标杆企业看齐，战略上缺乏进取心，管理上疏于优化，则会走向自然衰亡。

对标会不断强化组织变革的动机。企业可以进行多维度对标：组织内部对标、同行业对标、跨界对标等。

组织内部对标分为两个层面：纵向对标、横向对标。首先，组织内部需要跟过去比，纵向对标。流程绩效有没有提升？这方面要拿数据来说话。比如，订单交付期的问题究竟有没有改善。根据不同类型的订单场景，对比数据，分析绩效趋势，输出绩效改进计划。作为业务管理者，背负流程建设的第一责任，要多问自己几个问题：从接单到回款，周期有没有缩短？从产品概念到产品上市，周期有没有缩短？从客户问题的提出到解决，周期有没有缩短？等等。很多时候，我们发布流程以后没有持续地跟进，也不知道一个流程运行得怎么样，更谈不上每年持续地改进。所以，要先进行自我对标，确保流程持续改进。然后，组织内部还要横向对标。假如企业是在多地域开展业务工作，各个地域的业务定位是一样的，也可以对标。比如，不同的销售单元，流程执行的遵从率怎么样？线索转化率、商机转化率、毛利率、回款率等流程绩效指标表现如何？等等。这些都可以进行对标。还有各个制造单元的交期、质量、成本等方面也可以横向对标。我们可以通过内部评优和最佳实践的分享来带动整个企业流程化建设，推动整个企业的进步。

第二类对标是同行业对标。要找同行的优秀企业对标，而非找一个比自己更差的企业比较，以此来寻求心理安慰。华为的运营商业务集团曾向全球通信标杆企业爱立信公司对标学习，发现各类差距，驱动组织改进。

第三类对标是跨界对标。我记得有一次为一个细分行业的龙头企业培训，该企业的董事长和我聊天的时候就谈到一个观点，他说：我们公司之所以能做到这个细分行业的龙头，不是因为我们的管理水平高，只因为竞争对手比我们的管理水平更低。所以，他提到了跨界对标。他不能在本行业里面找标杆，他要跨界去找标杆。

任正非曾说："在互联网时代，技术进步比较容易，而管理进步比较难，难就难在管理的变革触及的都是人的利益。因此，企业间的竞争，说穿了是管理的竞争。如果对方是在持续不断地管理进步，我们不改进的话就必定衰亡了。我们想要在竞争中保持活力，就要在管理上改进。"

第三节　走访客户

企业长期不变革，管理者容易滋生自满、自傲、自大等毛病。大家会说：我们的流程都很规范了，不需要优化。因为他们很少去跟客户沟通，很少跟下游部门去沟通。如果他们从客户的视角来看本部门的工作，就会发现差距，就会暴露问题。

随着企业规模变大，越来越多的内部人员不直接接触最终客户。他们很少听到客户的声音，无法感知危机正在来临。这便形成了大公司病，流程臃肿，服务低效，更缺乏变革意识。

IBM 是昔日信息世界的巨无霸，却在 1992 年出现了巨额亏损，差点解体。IBM 的董事会为了拯救 IBM，聘请了有丰富变革经验的郭士纳担任 CEO。郭士纳在其自传《谁说大象不能跳舞？——IBM 董事长郭士纳自传》一书对当年亲自操刀的 IBM 变革进行了详细的阐述。

1993 年，当郭士纳以首位非 IBM 内部晋升的人士出任 IBM 总裁时，提出了以下 4 项主张。①保持技术领先。②以客户的价值观为导向，按客户对象组建营销部门。针对不同行业提供全套解决方案。③强化服务，追求客户满意度。④集中精力在网络类电子商务产品上，发挥 IBM 的规模优势。4 项主张中半数主张与“满足客户”直接相关。

1993 年 4 月，郭士纳召开了一次公司管理委员会会议，宣布了“热烈拥抱计划”。郭士纳说：他想让他们每个人在未来3个月内至少拜访公司5个最大客户中的一个，希望这些拜访活动能够减少客户的成见，拜访活动也没有理由仅仅停留于公司5个最大的客户。显然，这是一次外界对IBM信任度的大检阅。

郭士纳想通过“热烈拥抱计划”获知：对于客户来说，IBM做对了哪些方面，做错了哪些方面？而且，这些拜访的结果还会影响郭士纳对IBM未来的决策。同时，“热烈拥抱计划”是郭士纳改革IBM的企业文化的第一步。他强调从外至内建设IBM，并且使公司所有的事情都以客户为导向。

郭士纳在回忆录中说：高层管理者（高层管理者人数超过200名）要聆听客户的需求，向客户表达我们的关切，落实还没有落实的行动。他们的每一位直接下属都要做同样的事情。

此外，郭士纳还让手下的高层管理者认真仔细聆听客户的心声，要直接向他汇报结果。对于“热烈拥抱计划”的拜访活动，他要的是简短的汇报，最多只能写满一两页纸，他还把汇报的文本发给IBM的所有员工，让他们帮助找出拜访者未发觉的问题。

指挥链是IBM文化中官僚化的一面，郭士纳要打破这个链条。郭士纳说，“热烈拥抱计划”是“IBM文化变革的第一步”。IBM不仅要“从外到里”地重塑，首席执行官也要关注高层管理者的工作并向他们问责。这对IBM的高层管理者们产生了立竿见影的效果。当时主管大型机业务的尼古拉斯·多诺弗里奥回忆：郭士纳是作为一名闯入者、一名外部人士来到公司的，他在寻找能让高层管理人员振作起来的东西。现在回想起来，尼古拉斯·多诺弗里奥认为“热烈拥抱计划”达到了3个目的：它让IBM的企业价值观重新回归客户至上；给郭士纳提供了原始的市场情报等信息；还让他人感受到这位新任首席执行官的工作风范。尼古拉斯·多诺弗里奥回忆：单是带给首席执行官的搜集情报的益处，就让“热烈拥抱计划”值得一做……郭士纳的阅读能力很惊人。

“热烈拥抱计划”在IBM内外部产生了巨大的轰动效应。特别是当人们意识到郭士纳的确是认真阅读了每一份报告时，IBM员工的行动敏捷性和反应速度得到了更大程度的提升。

通过对“热烈拥抱计划”获取信息的分享，使得IBM每一名员工都增强了对客户的认知。基于“热烈拥抱计划”，每一名IBM员工无论是否能够直面客户，他都是对客户有一定认知的，也会明白自己的工作将怎样为客户提供服务，怎样才能让自己的工作更好地为客户服务。

上有所好，下必效之。高层领导重视倾听客户的声音，厌恶本位主义，并且以此作为企业的管理要求，将会引领企业形成以客户为中心的文化氛围。基于这样的企业文化，就能把企业建立成“从客户中来到客户中去”的流程化组织。

华为将以客户为中心作为公司的核心价值观。任正非曾以美国的公司为例，批驳“以股东利益最大化为目标”的企业运营方式；又以日本的公司为例，批驳“以员工利益最大化为目标”的企业运营方式。他指出：只有客户利益最大化了，客户才会有更多的钱买公司的设备，公司也会因此活下来，才可以为员工和股东带来价值回报。这么朴素的经营理念，不少企业还是没有想到，更别提做到了。

第四节　穿越流程之旅

大多数时候，我们都低估了现实中流程的复杂性。当一个流程运行时，我们并没有意识到流程的运行会产生变种，会变种成弯弯曲曲、反复循环的真实流程。

一个合同评审流程，发布流程时包含 12 个审核点，实际运作中可能超出 36 个审核点，因为执行这些审核点的领导并不了解合同的细节，通常会转派他认为了解业务的主管进行审核，被委派的对象可能也不了解或没有精力了解细节，于是再次转派任务……因此，原来设置的 1 个节点就变成了 3 个节点甚至是更多个节点，这是一家做装备的企业正在运行的真实流程记录。

造成节点增加的还有一个原因，就是流程的返工。评审不通过，需要多次修改方案，再次评审和会签。于是，流程的节点又成倍增加。

如果企业的主管们可以沿着一个流程进行端到端的场景重现，感官一定会被刺激到：原来我们的流程是这样的。

在流程的旅途上，经常会发现断点、返工点、冗余点等非增值的活动，让流程变得缓慢、低效，我们无法愉悦地体验自己设计的流程之旅，多数时候是沮丧和迷茫。我们要接受客户的多次质疑和抱怨，总是为同样的问题反复解释。

我们要让真实的流程浮出水面，不再隐藏在组织的背后。当流程显性化，问题才会充分暴露，激发变革的欲望。否则，我们只能坐在会议室里相互推诿和指责，而不是去寻找根因并解决问题。

第五节　打破本位主义，建立轮岗制度

流程变革的本质是要实现全局最优（不是局部最优），必然会与次优或局部最优产生冲突，而次优或局部最优则来自各利益干系人的本位利益。

查兰在《高管路径："轮岗培养"领导人才》一书中给了如何突破本位主义、培养有全局意识的领导者的方法。

查兰提出"轮岗培养模式"，希望通过岗位轮换帮助有领导潜质的人才快速成长、提升领导力，为企业筛选"未来高层领导的接班人"。

如今，轮岗制度已不仅仅是企业高层领导接班人的特权。它是企业培养优秀人才的途径，也是控制部门间壁垒生成的有效制度。很多成功的公司，如IBM、西门子、爱立信、华为等，都在公司内部或跨国分公司之间建立了岗位轮换制度。

管理者的阅历越丰富，职业发展通道就越宽阔；技术人员理解产品全流程，才能真正成为资深技术人员。长期在同一个岗位上工作，可能会出现视野狭窄、知识结构单一、思维模式固定等问题，影响企业的业务运行。另外，长期在同一岗位上任职，任职者会积累大量的资源，尤其是对于高层管理者来说，难免会"拥兵自重"，将个人利益与部门利益捆绑，垄断资源，甚至产生贪污腐败的现象。或者，核心人员突然离职时甚至会带动整个团队集体出走，这将给企业带来重大风险。通过轮岗制度，则可以很好地避免这些风险，提升各环节的安全性。

据说，每年年初，IBM 员工互相问得最多的一句话是："你今年还在做去年的工作吗？"在 IBM，轮岗制度是员工和管理者职业发展计划的重要组成部分。

一方面，轮岗制度可以避免员工在同一个岗位上工作时间过长而懈怠，同时帮他们拓展了职业宽度，使他们能够在工作中持续地学习成长。另一方面，轮岗制度可以培养更多的高端人才，还可以用最小的代价强有力地打破部门壁垒，为企业的战略布局提供更多的人才支撑。比如，华为各代表处的领导，无论业绩多么优秀，一般不超过 3 年就会被轮岗。有了成熟的流程体系支撑，人员再怎么轮岗，对客户的服务都是可持续的，客户的体验也是一致的，就能真正实现"铁打的营盘，流水的兵"的企业管理愿景。

我在华为也轮岗了 3 个岗位：质量部总监、审计部总监、流程管理部总监。我在负责产品质量控制的时候，明白了事前预防要比事后纠偏更重要，这对我后期推动华为审计职能从财务审计到流程审计的转变起到了重要的作用。

轮岗制度在有些企业里实施会面临挑战，有的企业家对我说：我也想在公司搞轮岗制度，但有内部阻力，轮不动，并且没有后备领导人才可以接替被轮岗的干部。

我认为轮岗需要以下 3 个方面的保障。①企业的战略要有进取心，要为优秀的人才提供事业的舞台。否则，轮来轮去就那么几个岗位，培养不了几个人，最后轮岗变成了"三人转"。②要重视以流程为基础的体系化能力建设。否则，轮岗会带来业务绩效波动的问题。③要解决利益机制的问题。现在有些企业的管理者和本岗位的利益绑定太深，尤其是实施提成制的企业，轮岗会带来个人利益的损失，所以抗拒轮岗。如果强制轮岗，又会带来核心人才流失问题。这需要企业设计相应的制度，以确保管理者能轮动起来。

总而言之，轮岗制度是解决部门间壁垒、培养大量优秀人才的利器，企业在发展期就要重视这个问题。

第六节　营造“着火的平台”，强化变革意识

流程变革在企业里面容易变成重要但不紧急的事。企业长期不变革，紧急的事情会越来越多，因此陷入恶性循环之中，更没有精力变革。那么，如何让流程变革变得既重要又紧急呢？需要在组织内部充分暴露问题，营造“着火的平台”，强化变革意识。

有些企业过去经营得比较成功，可能不会意识到一些差距和问题的严重性，容易失去危机感。此时，企业就应该把这些问题放大出来，让每个人都能看到。把问题可视化，来刺激整个组织的神经，从而激发大家的危机意识。企业发展最好的阶段通常也是缺乏危机感的阶段，整个企业的危机意识更应该被唤起。

痛点事件的案例宣传和有震撼力的数据呈现，都可以营造“着火的平台”。

华为“马电事件”发生后不久，一篇关于这件事情的详细报道就被刊登在内刊《华为人》上，向华为的客户公开了公司内部的种种问题。一直以来，华为都是秉承以客户为中心的宗旨，华为员工也都觉得自己是一群随时能够为客户的需要而抱团儿冲锋的、嗷嗷叫的“狼崽子”。读了此文，很多华为员工都难以平静，仿佛闭上眼睛就可以看到马电 CTO 通红的双眼。很多人都在反思：华为竟然成了这样？我们怎么能变成这样呢？

在一遍遍的阅读和发问中，危机感像火一样烧灼着每一个华为员工的

心：华为的价值观和流程出了问题，华为的文化需要重新打磨了，华为员工要做怎样的变革才能改变当前的状况、杜绝类似问题发生？

在这心火的炙烤中，华为员工都在检视自身：我有没有真正理解客户的需求？我的解决方案是不是真的适合市场需要？我的产品是不是能带给客户更多收益？我的业务流程，我的做事方式，还能精简改进吗？

这场“大火”为华为的 LTC（从线索到回款）流程的变革和推行，以及后续的一系列流程变革清除了大量的变革阻力，营造了一个支撑流程变革的“着火的平台”。

杰成合力科技辅导过的 B 公司也发生过一个严重的痛点事件。由于营销和研发的流程断点，造成 2 万多片的物料损失。

客户提出了产品的变更要求，并且将变更资料交给了 B 公司的营销工程师。营销工程师将资料附在邮件中，发给了研发接口人。结果，研发接口人没有留意到这份邮件，发邮件的人也没有跟进，导致 B 公司没有启动产品变更程序。两个月后，B 公司把旧版本物料制造出来，批量发货给客户，自然被客户拒收。这次业务断点，不但造成了 B 公司的重大损失，还影响了客户满意度。

这个痛点事件被充分曝光后，触发了 B 公司产品设计变更流程的优化，实现了流程的端到端管理。

想要营造“着火的平台”，也不必非要等待企业爆发出严重的事件。我们可以用合适的方法展示问题数据，在企业日常运营中充分暴露被忽视的问题。

变革管理专家科特在《变革之心》一书中分享了提升采购变革准备度的案例。

某公司一位高层管理者想要大刀阔斧地解决采购方面的浪费问题。而这需要全公司对采购问题的认知统一和配合工作。为此，他想到一个快速而低成本的解决方案。他让一位暑期实习生调研各个工厂的手套采购情况。发现公司的每家工厂都有自己的供应商，即使是同样一副手套，它们的采购价格也各不相同。他们为收集到的每副手套样品制作价格和所属工厂的标识，把 424 种手套全部集中放在会议室的桌子上，请所有部门的高层管理者们参观。结果发现：采购的手套品种过多；各个工厂采购同一型号手套的价格竟然相差好几倍。这些暴露的问题让见多识广的高层管理者们非常震惊。接下来，这些手套和后续的《竞争对手采购行为研究》这一研究报告一起成为该公司巡展的一部分。它们到达了所有的部门，所有的工厂。

通过这种方式，所有人都意识到了“公司的采购流程到底有多糟糕”，意识到了进行变革的必要性。人们开始相信，“现在是该采取措施的时候了”。然后，该公司马上行动，节约了大量成本，并且把节约的成本投入到了更有价值的业务活动上。

以文章作为载体的宣传活动也很重要，有助于传递变革意识和营造危机感。这里面包含了领导者、一线员工和各层级管理者的文章。

有的领导在变革会议上的讲话涉及变革的必要性和变革的决心，很有感染力，但如果没有整理成内部文章让企业所有的员工阅读，就是一件很可惜的事情。坐在会议室里面的人，仅仅是一小群人。他们可能是企业的高层领导、变革项目组成员，但没有参加这个会议的其他员工并不知道企业的领导人说了什么话。所以，我们要把企业高层领导的讲话整理成文章，发表在企业内刊上，这有利于企业价值观的传播、变革氛围的营造。

一线员工的文章也很重要，因为他们在一线，知道痛点问题在哪里。他们可以将经验和教训写成生动的文章和案例，和大家分享。

我还记得，华为第一次在香港开实验局，由于流程成熟度低，开局出了很多问题，大家都很惭愧。后来，该开局的项目组负责人在公司内刊《华为文摘》上发表了一篇《香港开局归来随想》的文章，让全公司员工都可以通过文章学习经验和教训并触发公司的流程改进。

一个优秀的企业要在发展最好的阶段营造“着火的平台”，传递危机感，居安思危，保持谦虚和自省的优良品质，主动变革，这样才有机会基业长青。

第五章

流程变革的顶层设计

导读

第一节　流程与战略的匹配

企业在发展过程中需要基于核心能力和资源优势确定发展战略。在这个过程中，需要回答一系列的问题：谁是我们的客户？我们为客户提供什么产品和服务？我们的竞争优势是什么？等等。战略是一种选择，要“做正确的事”。

为了支撑战略执行，企业需要配套的运营模式和管理体系，如流程、组织和信息化系统等。其中，流程是运营管理体系的基石，流程决定了业务协同的效率，以及资源配置的成本。流程也是组织设计的依据及信息化建设输入的过程。高效可控的业务流程可以持续满足客户不断变化的需求，这是“正确地做事”。

流程与战略的匹配，是指流程能力要满足组织发展的要求。主要体现在：是否根据企业的战略进行了流程的分类，识别出了核心业务流程和支撑流程；流程的指标是否可以支撑企业的战略目标，年度流程建设的计划有没有匹配企业的战略和经营目标的要求。

当战略发生变化时，需要重新审视企业流程体系与战略的匹配性，流程和组织要跟着战略变。战略指向哪里，流程就要建设到哪里。

现在有些企业认为：“我们公司的流程都信息化了，就不需要流程变革了。”这是个错误的观点。

信息系统承载了流程建设的部分成果，体现了流程的意图和规则。但是，流程不是信息化所能决定的，它是靠战略、商业模式和市场需求驱动的，也就是变革来源于组织的战略及商业环境的变化，企业通过变革可以持续满足客户的需求并巩固竞争优势。

流程要围绕着组织的商业成功模式而设计，而不仅仅是从管控的角度去设计。

美国西南航空公司是一家全美领先的低成本航空公司，它在中型城市和大都市的次要机场之间提供短程、低价和“点对点”的服务，以低成本战略、高质量服务而闻名并成为哈佛商学院的经典研究案例。他们宣传的是“让乘客以汽车的价格享受飞机的速度”。从成本的角度考虑，这个承诺并不是一件容易做到的事情。

由于航空公司固定成本极高的特性，点对点的短程飞行一般被认为无利可图。这是因为短程飞行中每英里所耗的成本比远程飞行要高得多：如果以飞机在空中所花费的时间做参照，短程航班飞机相比远程航班飞机在地面上所花费时间更多，这就降低了飞机的生产效率；同时，飞机在地面上为飞机运维和乘客服务所需的人员较其在空中飞行时更多，这就降低了劳动力生产效率。换言之，飞机只有在天上飞的过程中才能赚钱，飞机在地面上逗留的时间越久，成本就越高。

为了克服短程飞行这与生俱来的生产效率较低的劣势，提升飞机转场的速度，美国西南航空公司采取了一系列措施，如下所述。

①只使用同一种机型的飞机，即波音737，使得机组人员、各种设备及备件可以互相换用，提升维护保养的效率。

②选择费用较低的支线机场起降。避开拥堵的机场，提升飞机的正点率，减少航班间隔时间，节约乘客等待飞机的时间，既提高了客户满意度，又降低了地面运营成本。

③减少服务：不提供机上正餐，只提供软饮和零食；不向其他航空公司转运行李。

④敞开式的座位管理：不提供头等舱，只提供经济舱；不安排座位，座位先到先得，不必打印机票。乘客为了选到好座位会提前到达机场，这自然加快了登机速度。

除了以上举措，更需要各职能部门或人员之间的高度协同。飞机从起飞到降落总共需要12种角色配合工作：飞行员、乘务员、登机口服务人员、票务人员、营运协调人员、停机坪服务人员、行李转送人员、货物运输人员、机械师、燃料供给人员、机舱清洁工、餐饮服务人员。而他们除了本职能的工作外，也要对一个共同的目标负责：提升整体运营业绩。

通过一系列流程优化、提高组织协同效率的措施，美国西南航空公司飞机的平均转场时间成功压缩至10分钟，这是个令人震惊的数字，因为其他航空公司的转场时间一般在50～60分钟。高水平的转场速度不仅使美国西南航空公司降低了成本，而且通过提高飞机使用率最大限度地获取了利润。

美国西南航空公司连续保持了40多年的盈利纪录（2020年因为新冠肺炎疫情等特殊情况，美国西南航空公司出现了经营亏损现象），而且是唯一一家曾经获得航空业三连冠——最少延迟、最少客户抱怨、最少行李处理出错的航空公司。专家指出，美国西南航空每名员工平均服务乘客的数量是其他所有航空公司的两倍。美国西南航空公司无疑抓住了商业的本质：发现并满足了客户的需求。既创造了价值，也获得了商业上的成功。

美国西南航空公司开创了航空业的低成本模式，使得西捷航空、捷蓝航空、瑞安航空等其他航空公司争相效仿，虽然有些短期内取得了比较好的成绩，但未能持续盈利。另辟蹊径的战略定位固然重要，但仅仅靠差异化的战略定位不足以构成“护城河”。关键在于能不能构建与战略相匹配的运营体系，这需要持续的内功修炼。这些没有持续盈利的效仿者只看到了表象，采取了一些容易削减成本的措施，没有看到流程在降本增效中发挥的关键作用，没有试图去优化流程，没有以流程为重心的运营体系来支撑低成本战略的实现。

再造流程，就是为了组织“打粮食”而“增加土地肥力”。这种业务能力不依赖于某个英雄，而是靠组织的管理体系去承载。

在残酷的市场竞争环境中，所有的商业模式都可以被模仿，但组织的能力很难被模仿，需要长时间的积累与变革来巩固这个成果。

第二节　流程架构规划——识别匹配战略的核心业务流程及支撑流程

管理大师德鲁克的经典著作之一《管理实践》里有个经典的故事，如下所述。

相传某地山脚下准备修建一个教堂，3个石匠在干活。一天，有人走过去问他们在干什么。

第一个石匠回答："我在混口饭吃。"

第二个石匠一边敲打石头一边回答："我在做世界上最好的石匠活儿。"

第三个石匠眼中泛着光芒，仰望着天空，回答："我在建造一座大教堂。"

在第三个石匠的眼中，是有愿景、有蓝图规划的，他很清楚地认识到自己干的活儿，都是在为大教堂的建设添砖加瓦。

城市建设过程中也需要有总体的规划，有城市总体规划蓝图，先明确功能和分区，再到具体的建筑和道路的规划。企业的管理也是如此。我发现多数企业缺乏对业务的整体描述，不同立场的人很难达成共识，描述业务的语言很难统一，对业务的理解偏于碎片化，有如盲人摸象。

大多数管理人员都不清楚自己所在的企业有多少流程。在一次项目会议上，我问了在场的企业高层管理者们，大家知不知道公司有多少个一级流程？没有人说得出来，说明大家缺乏架构的意识。流程架构就是企业运营的蓝图，用来整合和指导企业的运营工作，指导流程的建设，从而支持战略的实现。在这个阶段中，我们需要通过规划流程架构来提升组织的格局意识，提升认识业务全局的视野。这是一项有挑战性的工作，对人员会有更高的要求，因此不能让基层员工来进行这项工作。

1. 什么是业务流程架构？业务流程架构（Business Process Architecture，简称 BPA）是企业架构的组成部分，是针对流程的一个结构化的整体框架，它描述了企业流程的分类、层级及边界、范围、输入 / 输出关系等，反映了企业的商业模式及业务特征。

2. 流程架构的主要特征有 3 个：有层级之分，反映业务运作的范围；反映业务运作的模式；反映各业务模块间的接口关系。

3. 流程架构有六大价值，如下所述。

①有利于业务集成和专业能力提升。通过流程架构的层层梳理，可以识别流程中需要集成或相互调用的环节，通过这些环节的加强与链接，推动流程集成和端到端效率的提升。

②有利于落实流程管理的责任。业务流程架构是定义和明确管理者承担流程建设责任的基础。通过流程架构规划，确保不同层级的流程都有相应的责任主体来负责建设和推行。

③有利于流程建设的质量。通过流程架构的分层设计，可以实现流程的结构化、可视化和标准化，形成企业的流程资产。

④有利于组织建设。宏观上要沿着流程架构审视组织设置，微观上岗位要匹配角色。通过组织与流程匹配，一方面精简冗余组织，另一方面消除职责盲区。

⑤有利于 IT 应用集成和数据质量提升。流程集成是 IT 应用集成的基础，IT 的应用架构要基于流程架构进行蓝图规划。流程中的输入、输出信息即为 IT 承载的信息，缺乏流程定义，会导致数据质量下降。

⑥有助于企业的变革规划。流程架构是企业业务能力的集合，所以，通过年度的战略解码可以识别出架构中需要重点建设的能力组件，以驱动流程变革的规划。

4. 流程架构的开发流程有 6 步，如下所述。图 5-1 所示为流程架构开发流程示意。

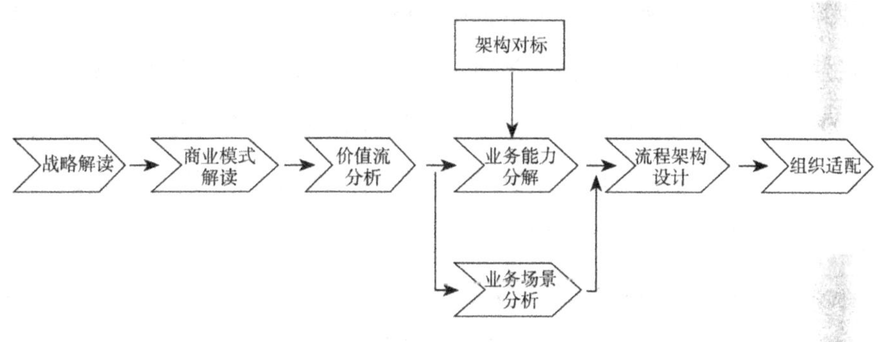

图 5-1 流程架构开发流程示意图

第一步，战略解读。注意：不是制订战略，而是理解战略。企业规模变大后，客户群会更细分，产品线也会更丰富，市场区域也有可能从本土向全球化扩展。所以，要理解企业的战略变化，尤其是未来几年的战略目标。流程架构要涵盖企业所有的业务，体现企业的战略意图。

第二步，商业模式解读。比如，和客户之间的交易方式，服务的方式，盈利的方式，等等。

B2B 企业和 B2C 企业的商业模式有很大的不同。同样是 B2B 企业也会有不同的模式，有些 B2B 企业提供标准化的产品，有些 B2B 企业则提供解决方案的服务。比如，华为过去面向运营商的业务就是 B2B 业务，提供

“交钥匙工程”，而不是简单的标准化产品销售。商业模式还可能持续发生变化，如华为过去是B2B业务，后来有了B2C的消费者业务。商业模式的变化反映不同的业务本质，要求不同的组织能力来支撑，因此会带来企业流程架构的变化。所以，我们首先要理解企业的战略和商业模式。

第三步，价值流分析，即梳理最顶层的端到端的价值流。流程化组织就是从客户中来到客户中去，所以我们需要梳理从客户需求产生到最后需求实现的整个价值创造的过程。

根据实际发生的业务流，沿着整个业务的生命周期和客户的生命周期识别主要的里程碑，从而确定企业的核心业务能力和核心支撑能力。不同的企业，核心业务能力会有差别，这取决于公司的战略和商业模式。例如，富士康和华为在核心能力上就有显著的不同。华为的流程架构的核心运作类流程里，包含集成产品研发、市场到线索、线索到回款、问题到解决，以及渠道销售、零售管理等一级流程。华为的供应链、采购是使能流程，为核心运作类流程提供“炮火”。而制造和供应链是富士康的核心运作类流程，因为企业靠制造代工来创造价值。

第四步是业务能力分解。流程框架是对流程能力的细分。比如，供应链能力可以细分为计划能力、采购能力、制造能力和仓储物流能力，每项能力还可以往下细分，能力分解的过程就是流程分层分级规划的过程。

业务能力分解的过程中，为了加速流程规划的进程，可以采取对标的方式。比如，对标同类业务的最佳实践，对标APQC的流程分类框架。通过对标还可以提升流程架构的质量。但是，对标也会带来一个问题，标杆流程和我们的业务模式、产品的特性、客户的特性必定会有所不同。因此，我们还要进行具体业务场景的分析，而不是简单把标杆企业的流程拿过来就用，这就是很多企业学习了华为或其他标杆企业的做法却缺乏成效的原因所在。

流程必须适配企业的经营目标、业务目标，适配业务模式，其中有一个转化的过程，需要具体分析业务模式，归纳出差异化的业务场景，以反映业务的本质。比如，销售模式有直销和分销之分，直销可能也有多种模式。再如，从问题产生（提出）到解决的流程，不同的问题类型在处理的流程上有很大差别。很多企业把售后服务流程仅仅当成客户投诉处理流程是不对的，客户投诉处理流程只是企业中的其中一类问题，属于客户的不满意升级为投诉，我们还有正常的问题解决流程，如产品运维的流程。例如，华为的从问题产生（提出）到解决的流程中，将问题分成 3 类。第一类是技术类问题，第二类的是非技术类问题，第三类是客户投诉问题。技术类问题又可以细分成 3 个等级。因此，企业需要结合自身业务进行过程分解及业务场景分析；然后，归纳出企业流程的架构，再进行组织和流程的适配。最终，流程一定是有 PO 去承接的，PO 是落到组织上的。

流程架构有层级之分，不同层级的流程有不同的级别名称。对此，全球最知名的流程管理和绩效管理社区 APQC 有专业的定义，如下所述。

第一级，类别。代表企业中最高级别的流程，如管理客户服务、供应链、财务管理和人力资源管理等。

第二级，流程组。表示满足相同或相似目的的一组流程。供应链计划、逆向物流、招聘管理、备件管理都是流程组的例子。

第三级，流程。流程是流程组的下一级分解，是一系列相互关联的、将投入转化为产出成果的活动。这包含为了完成流程的核心元素，也同样包含与变种及返工有关的元素。

第四级，活动。表示执行流程时需要履行的关键事件。活动的例子包括接受客户请求、分配处理任务、反馈客户投诉处理方案等。

第五级，任务。任务代表了活动的下一级分解。任务通常更加细致，在不同行业有较大差异，如打印备料清单、准备小推车等就是任务。

流程架构的规划，一般是从 L1 级别分解到 L3 级别，既第一级流程到第三级流程。有些规模大或者业务复杂的企业会分解到第四级流程。通过流程架构规划，形成企业分层级的流程清单，指导后期流程建设工作。

流程规划要输出三大类文档，包括流程架构图、流程架构卡、流程集成视图，可以通过类似 EPROS 这样的流程设计工具来完成。

第一类文档是流程的架构图，这个类似 APQC 的流程分类框架（PCF）。然后，通过流程的编码方式（比如，第一级流程是 1.0、2.0、3.0……第二级流程是 1.1、1.2、1.3……第三级流程是 1.1.1、1.1.2、1.1.3……）形成分层级的流程分类框架，这决定了企业流程的总数。

每个高阶流程需要有一个描述文档，叫流程卡或架构卡。比如说集成产品开发，大家看到这个名称会有不同的理解。究竟流程从哪里开始到哪里结束？是从产品概念提出到产品发布，还是从市场需求到产品退市？所以，我们必须要对流程有范围定义和边界定义。在架构卡中需要对流程的一些关键要素进行描述，包括：流程的名称，流程在架构中的层级、编码、责任人，流程的边界，流程输入、输出，流程的目的等，甚至包括 KPI 都要做定义。通过制作流程卡或架构卡这个过程也可以让大家对这个流程达成共识。否则，谈到同一个流程名称，每个人都有不同的理解。图 5-2 是架构卡示例。

光有流程分类框架和流程卡还不足以表现出流程之间的关系，所以还需要流程的集成视图把不同的流程关联性说清楚。比如，集成供应链下面有不同的流程组，这些流程组之间有什么关系？还要说明供应链作为一级流程跟企业其他一级流程之间又是怎么集成到一起的。比如，战略规划和年度经营计划是供应链的输入端口，供应链拿到战略规划和年度经营计划以后才可以做供应链规划。因此，要通过流程的集成视图将流程的上下游和关联性梳理清楚。

<table>
<tr><td>流程名称</td><td></td><td>流程层级</td><td></td><td>流程架构编码</td><td></td></tr>
<tr><td>流程目的</td><td colspan="5"></td></tr>
<tr><td>流程责任人</td><td></td><td>上一层流程名称</td><td colspan="3"></td></tr>
<tr><td>包含的
下一层流程</td><td colspan="5"></td></tr>
<tr><td>流程输入</td><td colspan="5"></td></tr>
<tr><td>流程输出</td><td colspan="5"></td></tr>
<tr><td>流程起点</td><td colspan="5"></td></tr>
<tr><td>流程终点</td><td colspan="5"></td></tr>
<tr><td>流程度量指标</td><td colspan="5"></td></tr>
</table>

图 5-2　架构卡示例

流程架构规划好后，再下一步就是流程的详细设计了。除了流程图之外，还要开发流程文档，我们要配置好企业的文件要素，对这个流程进行详细的描述。

为了支撑流程活动，还需要底层附件。当然，不是每个活动都要编写作业指导书，但复杂的活动、重要的活动及关键控制点需要有支撑文档。

总而言之，我们要确保整个企业的流程，从架构顶层到底层要形成一体化的规划和设计，而不是使用传统的方式离散的去做流程——每个部门编写自己的流程、每个部门发布自己的流程。

第三节　组织与流程的适配——确保每个流程都有责任主体

流程架构规划后，需要做组织适配，即各级流程有对应的主责部门和流程所有者。

流程需要有责任主体来管理：管理流程建设、管理有效执行、管理优化。虽然流程是跨部门的，但需要一个部门能够负起主要的监管责任。最理想的情况是按照流程架构来分配责任人。

目前，不少上规模的企业都设置了流程管理的职能机构，目的是促进流程建设工作的例行化。但是，从实际运行的情况来看，推进比较乏力，本质上是因为企业流程管理治理结构的缺失所致，没有流程责任人运作机制。具体表现为：各业务单元和职能单元的负责人不是变革的责任者，更多的是变革的旁观者和评论者。所以，往往流程运作不顺的时候，大都会说：你们搞的流程不行，和我们的实际情况不符合，解决不了我们的实际问题。这些言论在不少企业里都存在，导致流程管理推进人员的挫败感比较强。因此，流程责任人的选择和配置是推进流程变革的基础。

在宏观层面上，需要将部门适配到流程中，组织设置必须支撑流程价值实现，组织职责必须清晰具体，不能有重叠、空白、过多、过少的情况发生；在微观层面上，要把组织架构里面的岗位和流程中的角色进行关联，看看流程角色职责是否通过岗位职责的设置有效落实、岗位职责与其匹配的流程角色职责是否相符。图 5-3 所示为流程与组织的适配示意图。

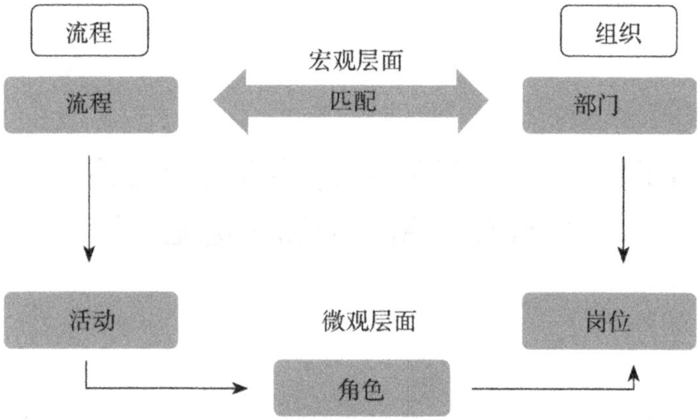

图 5-3　流程与组织的适配示意图

目前，许多企业存在比较大的痛点是：表面上进行流程设计与发布了，但这个流程是“假的”，为什么？因为流程涉及的角色找不到真实的岗位去承接，实际执行流程的时候存在很多责任盲区。或者流程非常粗放，描述的颗粒度仅到部门，不知道该找谁的情况下，只能找这个部门的领导去协调资源。此时，流程就变得非常烦琐，沟通路径很复杂，跨部门沟通成本非常高。

第四节　战略目标和流程绩效的关系——“打粮食”和“增加土地肥力”

一、流程绩效的认识误区

流程绩效是企业普遍关心的话题，因为大家发现企业的流程越来越多，组织绩效却越来越低，这的确会带来认知上的困惑。所以，有些企业会发问：有必要走流程吗？以前没有流程不是更灵活吗？其实，这些企业对绩效管理普遍存在一些误区。

第一个误区——只关注结果，不关注过程。过去，组织绩效往往依赖于个人英雄主义，而并非建立在基于流程的组织能力上，往往是能人的流动就会造成组织绩效的不稳定。其实，过程和结果在本质上是因果关系，企业所有的财务结果指标和客户满意度等指标都有滞后性，而且是一个渐近的过程，所以必须关注过程的有效性，关注过程中各个里程碑的管理，这也是为什么平衡计分卡的理念和工具显得如此重要。

第二个误区——局部最优，整体不优。企业管理过程中常出现这种现象：基于本位的利益来设计绩效指标，有利于本位利益的事情就做，对影响本位利益的事情就规避或排斥。

有一家企业的质量部很强势，为了追求零缺陷，供应商交付的物料哪怕有一点小小的瑕疵就要求批量退货。可这些物料是要用到企业订单交付流程的场景中去的，客户不仅仅关心质量，同时也关心交付的准时率，因为交付不准时会引发客户的产品订单交付延误，客户的客户就会根据合同的条款对这家企业的客户进行扣款。因此，正确的做法是关注整体最优，需要建立来料批次不良品的处理流程，建立处理标准，即什么条件下退换货、什么条件下让步放行，既要控制质量风险，又要支持交付的准时。

第三个误区——绩效指标只是用来做考核的，不是用来做改进的。这样的后果是：大家都很可能在指标上做功夫，报喜不报忧。

有些企业做汇报工作，数据特别好看，如交付的及时率达到了 99%，甚至是 99.99%。其实，这个指标有很大的弹性，关键看这个指标是如何定义的。比如，实际的订单交付能力是 8 天，就给客户承诺的宽松一点儿：10 天交付，这样交付的及时率不就 100% 了吗？但是，一个企业对客户的服务承诺，不应该由内部产能来决定，而是取决于整个外部竞争环境。

华为曾优化过订单签订到交付的流程。当时围绕着某一个产品线的订单交付统计了绩效数据，发现从订单签订到交付的时间周期通常是 20 天，而标杆企业只需要花费 15 天时间。假如不重新定义及时的标准并进行流程优化，那么，华为在订单交付上就缺乏竞争优势。于是，华为将流程优化的目标定到了 12 天，以此来驱动流程优化。

二、流程绩效的横向管理

国际知名流程与绩效专家拉姆勒和布拉奇认为，一个企业的绩效可以通过 3 个层级去构建：组织层、流程层、岗位层。

过去，我们传统的绩效管理跳过了流程的层级，只有纵向的分解，忽略了横向管理。其实，对协同性要求比较高的企业而言，几乎每个部门完成自身绩效目标的时候都要与其他部门协同，无论是研发部门还是制造部门，或者是客户服务部门。

当年，华为第一次做 KPI 绩效考核体系的时候，每个部门关起门来写自己的绩效指标，然后上报公司。公司把所有部门的指标体系汇总以后，以公司文件的名义下发了第一个版本，后来发现运行的效果比较差。有一次，任正非和我们开会的时候就谈到这个问题。他说："我们公司搞了这么多 KPI，就像一堆螃蟹捆绑在一起，大家爬的方向都不一样，最后谁都爬不动了。因为我们缺乏共同目标，不是围绕着客户的需求以商业成功为导向来构建端到端流程的指标，再分解到各个领域去。"因此，企业绩效管理的痛点是缺乏横向管理的视角，横向管理的视角要落实到流程及指标管理上。

比如，某企业的客户服务中心负责建设一个核心流程——从客户的问题提出到解决的流程。他们要对客户问题的及时响应、及时解决和关闭负责，企业也会拿这个指标来设定相应的目标要求。问题来了，靠一个客户服务中心就能实现这些目标吗？要实现这些目标，需要有一个端到端的流程。这个流程的起点就是客户问题的输入，终点就是客户问题的关闭。流程的目标是解决客户的问题并且让客户满意。这个流程除了客户服务部门之外，还会涉及引发客户问题的源头部门，如研发设计引发的问题、采购物料引发的问题、制造环节引发的问题等。假如流程指标没有基于流程进行目标分解，再落实到各个责任主体的岗位绩效要求中，根据他们在流程中承担的角色和活动来定义他们的角色绩效要求，那么，就没有办法确保客户问题的及时关闭。

三、流程指标体系建立的原则

建立企业的流程绩效指标体系需要遵循如下 3 个原则。

原则一：流程绩效要匹配组织绩效目标。

我们做流程的目的是为了让企业更好地"打粮食"和"增加土地的肥

力”，流程绩效要与组织绩效相关联。

平衡计分卡是一个很好的工具。平衡计分卡从财务、客户、运营及学习与成长这四大维度系统性地去构建整个组织的绩效指标和目标要求。表5-1所示为平衡计分卡示例。

表5-1　平衡计分卡示例

象限	解决的问题	目标示例
财务	为了客户满意，必须实现的财务目标是什么	1. 利润率 2. 增长 3. 股东价值
客户	为了实现财务目标，需要提供什么满足客户需求	1. 客户关系 2. 服务 3. 价格 / 成本
运营	为了客户和股东满意，有哪些核心内部流程能力需要提升	1. 周期时间 2. 质量 3. 生产率
学习与成长	为了实现目标，组织如何学习和创新	1. 员工满意 2. 持续学习 3. 知识管理

财务和客户指标通常都有滞后性。比如，某个客户和企业终止合作，这不是个突发性的事件，客户的不满意一定是日积月累的。客户满意度带有滞后性，不仅是跟当前的业务活动有关，也会跟企业过去的一些业务活动有关。所以，运营维度和财务维度、客户维度实际上存在着因果关系，企业需要构建支撑财务结果和客户满意度的关键能力。

基于平衡计分卡，我们要思考一个基本的问题——通过哪些核心流程和支持流程可以支撑企业收入目标和利润目标的达成，以及让客户持续满意？

企业的损益表是企业最重要的一张财务报表，展示了企业的收入和利润。损益表里的营业收入是通过企业的合同或订单的获取和交付来累积的。假如这些订单交付的绩效表现不佳，一定会影响客户满意度，影响市场份额。另外，考虑到所有的产品都有生命周期，所以，企业除了构建订单获取、订单交付的流程外，还需要考虑新产品的创新能力、新产品的上市时间等。假如这些流程的绩效表现普遍不佳，那企业最终的收入、利润及客户满意度等全部无法得到保障。

华为很早就引入了平衡计分卡，进行组织的绩效管理。比如，代表处的绩效目标里面既有收入、利润、回款等财务指标，也会有流程成熟度建设的目标。以 LTC（从线索到回款）流程为例来讲，推行的计划和目标包括流程执行的遵从度、对末端流程的优化要求，以及在运营过程中表现出来的商机转化率、合同交付的准时和质量指标等。所以，我们既要关注结果，同时也要关注支撑结果达成的过程能力建设。

原则二：流程的指标要基于流程架构进行有序的分解。

目前，很多企业内部也有很多指标，但太过碎片化。最理想的做法是基于流程架构去建立流程绩效指标体系。因为流程架构的上下层有关联关系，如果说不清楚背后流程之间的关联性和集成性的话，就无法对端到端的流程指标进行相应的建设和保障。

基于流程架构去设置流程绩效指标，对企业来说可能是一个挑战。因为大多数企业的流程成熟度还没有达到标准级和集成级。当前，许多企业的很多流程是基于部门来设计的，缺乏明确的流程架构。

图 5–4 是 APQC 的一个“3.5.4 管理销售订单”三级流程的例子。这个流程的上一层流程是“3.5 开发和管理销售计划”，再往上一层是“3.0 营销管理”。“管理销售订单”总共有 15 个指标，打钩的表示 KPI，是关键绩效指标。比如，“客户订单周期天数”；“每千美元执行‘管理销售订单’

流程的总成本”，也就是单位成本，以 1000 美元营业额作为一个基准值，这样对于不同规模的企业而言才有可比性。现在，很多大企业的流程很臃肿，流程中间有很多不创造价值的环节，但这些环节都会消耗资源成本，还会催生大量的返工现象。所以，通过这个指标可以看出流程的单位成本究竟是多少。

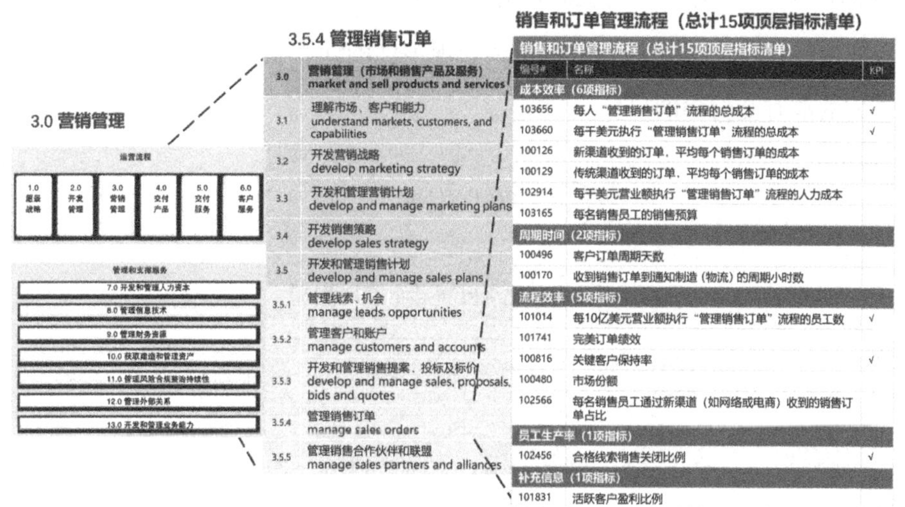

销售和订单管理流程（总计15项顶层指标清单）		
编号#	名称	KPI
成本效率（6项指标）		
103656	每人“管理销售订单”流程的总成本	√
103660	每千美元执行“管理销售订单”流程的总成本	√
100126	新渠道收到的订单，平均每个销售订单的成本	
100129	传统渠道收到的订单，平均每个销售订单的成本	
102914	每千美元营业额执行“管理销售订单”流程的人力成本	
103165	每名销售员工的销售预算	
周期时间（2项指标）		
100496	客户订单周期天数	
100170	收到销售订单到通知制造（物流）的周期小时数	
流程效率（5项指标）		
101014	每10亿美元营业额执行“管理销售订单”流程的员工数	√
101741	完美订单绩效	
100816	关键客户保持率	√
100480	市场份额	
102566	每名销售员工通过新渠道（如网络或电商）收到的销售订单占比	
员工生产率（1项指标）		
102456	合格线索销售关闭比例	√
补充信息（1项指标）		
101831	活跃客户盈利比例	

图 5–4　APQC 的一个“管理销售订单”三级流程案例

除了自上而下从顶层规划流程绩效指标体系，也可以自中往下规划流程绩效指体系，甚至有时候从点到线到面（意即自下而上）规划流程指标体系也是可以的。比如，围绕着某一个流程，先尝试着去设置一些指标，去做一些改进。这要参考企业内部的变革准备度和变革环境保障能力，以及变革的能力而定。

原则三：既要有结果指标，也要有过程指标。

图 5–5 展示了结果指标和过程指标的关系。我们强调流程要以客户为中心，那么，定义流程的结果指标时要以客户关心的维度来设计指标，如

准时交付率等。当然，这个准时不是我们说了算，而是基于我们对市场的预判及对客户期望的管理，据此定出一个合理的目标。这通常在客户下订单或者签合同的时候就已经定义好了。要实现准时交付的目的，需要从端到端的视角查看流程，六大流程指标都需要进行管理。比如，图 5-5 中第一段的“订单接收”流程，首先要管理订单信息的准确率和及时率；在“采购”这一段流程里面也需要对采购周期进行管理；在运输环节对运输周期进行管理。假如这些过程指标表现不佳的话，就无法实现最终面向客户方的准时交付率的目标。

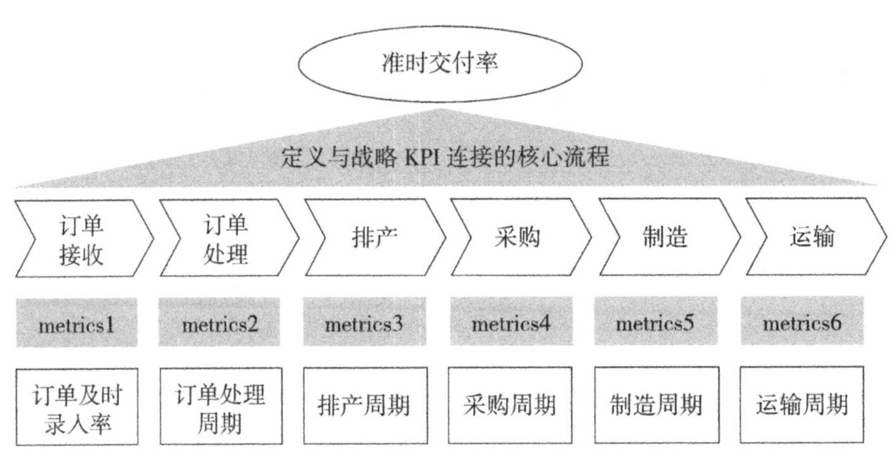

图 5-5　结果指标与过程指标的关系示意图

第五节　流程绩效对标

企业变革需求来源于战略规划和分解，而战略规划的起点就是差距分析。一个企业的差距分析，外部看机会差距，内部看绩效差距。

通过差距分析可以帮助企业识别重点变革的领域。究竟哪些领域导致企业整体运营绩效表现不佳？是新产品上市时间太晚，导致我们丢失了市场份额？还是因为我们的订单交付不及时，影响了客户的满意度？等等。企业还可以通过绩效对标来进行差距分析。

这个差距分析主要与什么实践对比？跨行业最佳实践，世界级的标杆企业；同行业最佳实践，领域内的标杆企业；企业内部最佳实践；等等。

流程对标是企业用来衡量内部流程差距并发现、理解和采纳最佳实践的方法。

对标有一些误区，大家认为数据很难获取，无法对标；或者认为自己与最佳实践的差距太大，对标没有价值。对标不一定就是获取数据，而是选取标杆企业，学习其原则、思路、模式；基于企业发展的阶段和成熟度，选取合适的对标对象作为参考。如果阶段不吻合，组织资源不匹配，文化环境不匹配，就很难用好对标这一方法。

现在，很多企业都在对标学习华为，华为是千亿美元数量级的企业，我们大多数企业规模可能就在几亿元到几百亿元之间，对于华为如此复杂的管理体系，不经过任何裁剪和业务适配，搬来就用，最后发现效果不好，于是就认为没有对标价值。

跨界对标可以提升一个企业的格局和视野，甚至激发出流程创新。不一定要在本行业里面找标杆，因为不同的行业的发展节奏不一样，变革的周期不一样，有些行业由于竞争比较充分，变革较早，进步很快。

美国施乐公司是全球最大的数字与信息技术产品生产商，是一家全球500强企业，是复印技术的发明公司，这是一家历史悠久的企业。它在不同的流程领域找不同的对象去对标，比如说应收账款流程领域找美国运通公司对标，研发流程领域找美国的电报电话公司对标，供应商认证这个流程找陶氏化学对标。图5-6所示为多种对标方式。

美国施乐公司早期对标的对象

公司	流程
美国运通	应收账款流程
美国电报电话	研发流程
陶氏化学	供应商认证流程
佛罗里达电力照明	品质方案
福特汽车康明斯发动机	工厂布置
惠普	研发流程；工程作业
里昂比恩户外运动	物料管理；配送作业

跨行业最佳实践－世界级
同行业最佳实践－区域
竞争对手的优秀领域
公司内部最佳实践

图5-6　多种对标方式

美国施乐公司实践的就是一种非常聪明的对标方式，不一定要学一家企业所有的流程，可以根据不同的领域的流程找不同的对标对象去学习。

APQC也有非常成熟的对标方法，除了流程框架体系、指标体系以外，它还建立了一个强大的数据库体系。在这个数据库体系里，既可以按行业对标或按区域对标，也可以按组织的规模对标。APQC的对标有3种方式：快速对标、标准对标、数据授权。图5-7所示为APQC的3种对标方式。

快速对标

- 选定流程模块，填写数据表格，提交标准顶层 KPI 数据
- 与所有参与样本对比，按行业、规模和区域同类组相比的汇总报告
- 所需时间约为一星期左右

标准对标

- 选定流程模块，填写完整数据表格，专家综合评估
- 与所有参与样本对比，按行业、规模和区域同类组相比的详细完整的报告
- 所需时间约为一个月左右

数据授权

- 直接购买开放标准数据库内的指标数值
- 选择流程和指标，提供指标数值统计（合并）或独立（分解）格式

图 5-7　APQC 的 3 种对标方式

依照 PCF（Process Category Framework，流程分类框架），快速对标包含如下业务领域内的指标：①产品开发管理（产品链），9 项指标；②销售和订单管理（营销链），15 项指标；③供应计划（供应链），4 项指标；④采购（供应链），10 项指标；⑤制造（供应链），2 项指标；⑥物流（供应链），11 项指标；⑦信息技术管理，7 项指标；⑧人力资源管理的 7 个模块，55 项指标；⑨财经资源管理的 8 个模块，108 项指标。

依照 PCF，标准对标包含如下业务领域的指标：①产品开发管理（产品链），51 项指标；②销售和订单管理（市场销售链），31 项指标；③销售和营销（市场销售链），62 项指标；④供应计划（供应链），53 项指标；⑤采购（供应链），64 项指标；⑥制造（供应链），26 项指标；⑦物流（供应链），88 项指标；⑧信息技术管理的 2 个模块，257 项指标；⑨人力资源管理的 9 个模块，345 项指标；⑩财经资源管理的 9 个模块，482 项指标。

方式一，快速对标。指从提交指标数据到最后返还对标报告，由系统自动完成，无须人工介入，周期是一个星期左右。

方式二，标准对标，它一方面参考 APQC 的数据库，另一方面需要专家参与综合评估，周期是一个月左右。

以上这两类对标都不需要费用，因为企业对标时也为这个数据库贡献了数据。但是，需要提醒企业的是：提供数据到国际对标，务必要考虑国家的法律法规是否允许、是否有数据安全等问题。

第三种方式是数据授权，即直接购买指标数据，这就会产生费用。企业可以购买某一个流程的某一个指标，让 APQC 提供数据参考。

APQC 的同一个指标数据会分成 3 个数字：高位数、中位数和低位数。通常，APQC 某一个指标的对标样本有几百个到几千个不等。高位值是选取顶层的一定比例的数据，取平均值；中位值是选取中间那一部分的样本，取平均值；低位值是选取底部的样本，取平均值。所以，如果我们拿现状数据对标，会有个定位反映流程指标的表现，比如招聘周期在全球大概处于一个什么水平。我们就知道我们的位置在哪里，我们的差距在哪里。

APQC 的对标报告里面会反馈：如果某一个指标表现不佳，背后通常会有哪些普遍性的诱发因素，影响这个指标背后的一些主要的原因有哪些；并且，它会给出一些建议，提示下次做变革的时候去关注这些因素。

表 5-2 所示的是人力资源管理的流程指标的例子。

表 5-2　APQC 的对标报告案例

流程和指标	样本数	中位指标值
开发和管理人力资源计划、制度和战略流程		
每千美元营业额人力资源总预算	587	3.33 美元
员工流失率	1070	16%
招聘，寻找和选择员工流程		
每千美元营业额执行“招聘，寻找和选择员工”流程的总成本	795	0.86 美元
从批准招聘工作申请到新员工接受工作的周期天数	1155	40 天
由员工介绍的新员工百分比	267	9%
员工开发和培养流程		
每千美元营业额执行“员工开发和培养”流程的总成本	741	1.60 美元
每 10 亿美元营业额执行“员工开发和培养”流程的员工数量	973	17.4FTEs

招聘流程有个指标能反映招聘流程的绩效水平，即从批准招聘工作申请到新员工接受工作的天数，也就是招聘周期。从企业批准开始招聘到招聘成功，中位值是 40 天时间，样本量是 1155 个企业。从统计学的角度来看，这个样本数的数据是有一定参考价值的，反映了所有参加对标的企业的中间水平就是 40 天时间。这样，我们就可以把这个 40 天的时间作为人力资源管理流程绩效改进的一个参照。我们可以想想，我们的企业里从招聘申请被批准到人员录用，这中间需要花费多少时间，再与这个中位值进行对比，就可以判断出我们的招聘流程绩效的大致水平。

第六节 变革规划——确定流程变革的路线图

流程化组织建设是持续的、长周期的内功修炼，要控制好变革的节奏，管理变革的期望。一般而言，流程化组织建设要分成以下 3 个阶段实施。

第一个阶段，要达到流程管理成熟度 3.0 的级别，即实现流程集成化和标准化，同时培育组织的流程遵从意识。这个阶段是变革的基础阶段。重点做变革“松土”，对管理层“松土”。

我们认为理想的变革需要自上而下，而现在很多企业选择自下而上的变革是一种短期策略。他们希望通过短期的快赢让领导看见变革的收益，从而有信心去做这件事情。

自上而下的变革能改变企业中大多数人的习惯，改变原有的本位主义和权力观念。变革是极具挑战性的事情，是和人打交道的工作。如果没有自上而下的推动，就会产生较高的变革成本。因此，通过对管理层“松土”以达到变革形成共识、变革持续进行的目标尤为重要。除了管理层的培训，还需要在各业务领域选拔流程建设人员进行培训，重点选拔总结归纳能力强、综合素质高的基层管理者来培养，他们将来可以成为企业的优秀管理人才。这些人不一定要长期做流程建设。“流程建设者”可以是一个角色，也可以是一个岗位。做完以后再重回业务领域做管理，让他们赋能更多人员。

有了流程建设的资源保障，接下来要对企业做整体的流程架构规划，弄清整个企业需要有多少个流程来匹配战略，再分层分级进行详细的流程设计，指导各项业务有序运作。

流程建设期间可以选择一些痛点流程进行优化，并且对优化成果进行宣传，以树立内部标杆。

在建立变革基础的阶段，需要配套建立流程管理的制度和流程，包括流程规划、建设、宣贯和运营等。

流程管理同样需要流程支撑、组织保障、资源配置。只有这些都做完以后才能建立好变革基础。有些企业有个误区，用 IPD 作为流程变革的头阵，错误地认为 IPD 只需要研发部参与。但是，IPD 其实是企业级别的流程，它涉及大多数业务部门，以及财务等支撑部门。这个企业级别的变革项目，如果没有变革准备度、变革资源、变革能力及变革机制支持，是没有办法成功的。所以，需要通过变革机制的建立来营造流程文化，让大家对流程变革达成共识；提升员工对流程的遵从意识，奠定流程建设的良好基础，更好地支持流程变革工作。

第二个阶段，要达到流程管理成熟度 4.0 的级别，也就是度量级。这是深度变革阶段，需要建立流程绩效度量和改进机制。

如果第一个阶段是由流程管理部来组织重点工作，第二个阶段就要转换成管理者自我变革意识来驱动变革。每年做战略规划、战略解码的时候，要求管理者不仅要规划业务目标，还要进行变革规划。在这个阶段，流程管理的部门要建立 PMO（变革项目管理办公室）的职能。如果说第一个阶段的重点是建立流程体系，从无到有，从碎片化到集成化，实现流程可视化、标准化、模板化的隐性收益，那么，第二个阶段的重点就要产生流程变革的显性收益。标杆企业的做法是：每个业务领域的 PO 会规划年度重点流程建设任务。企业总部会通过项目群管理方式，对所有变革项目从发起到关闭进行管理。企业需要有变革委员会，还有执行秘书机构职能的部门——PMO。PO 要进行流程建设规划和汇报工作。

为什么现在很多企业的变革有规划却没有做成呢？因为没有汇报机制。成果汇报是非常重要的，每个流程所有者每年都应该对企业的变革委员会做汇报。这一年优化了哪些流程？取得了哪些流程优化成果？

第二个阶段，变革的收益可以通过流程绩效指标数据的变化来体现。

第三个阶段，要达到流程管理成熟度 5.0 的级别，将变革常态化、例行化，实现流程的创新目标。

第三个阶段，各个领域的管理者都已经有了对标意识、变革意识和变革领导力。那么，当我们的企业战略和商业模式发生变化时，我们就有能力对流程进行创新。比如，10 年前华为的流程架构里面，一级流程只有 14 个。但是，今天的华为，一级流程已经有 17 个了。因为华为的战略和商业模式一直在发生变化。过去，华为的流程体系里面是没有零售管理的，但华为现在有消费者业务，而且消费者业务在华为的收入结构里面的比重越来越高。所以，华为的一级流程架构里面已经增加了零售管理这个流程，这就是商业模式驱动流程创新。同样，流程能力的强化也可以指导战略的选择，确保组织业务能力在新业务中的重用，以提升新业务的成功率。

第六章

如何策划流程变革项目

导读

第一节　为什么要进行项目策划

第二节　什么是项目任务书

第三节　如何开发项目任务书——Why

第四节　如何开发项目任务书——What

第五节　如何开发项目任务书——When、Where、Who

第六节　如何开发项目任务书——How to

第七节　如何开发项目任务书——How much

第八节　评审项目任务书

第一节　为什么要进行项目策划

“凡事预则立，不预则废。”

流程变革项目相对于业务类项目而言，更复杂、更具挑战性，因为流程变革会牵涉业务、组织和信息化等，需要进行充分的策划和准备。

如果启动一个缺乏定义和共识的项目，就会带来实施的风险。尤其是，变革赞助人（变革的投资人，通常是企业的高层领导）对变革的期望没有得到管理，会增加项目失败的风险。比如，在项目汇报会上，变革赞助人会认为项目组提交的成果不是他想要的，因为他没有看到项目的收益。所以，在流程变革项目实施之前，项目策划者需要明确项目启动的背景、范围、目标、计划、预算、收益及可行性并输出项目任务书。

通过项目策划，将模糊的项目需求转化为清晰的项目定义，使得变革赞助人、项目干系人都能对将要实施的项目有共同的认知。

企业还要将变革作为投资来管理，确保变革“做正确的事情”。流程变革投入的不仅仅是资金，还包括各种内部资源，尤其是管理层、业务专家、流程专家、IT 专家的时间。这些资源远比资金宝贵得多。

作为变革赞助人，也要对变革多一些包容，不要过于功利化，要赞赏所有变革的行动。在变革的早期阶段，对变革的期望不要过高。

第二节　什么是项目任务书

对于变革赞助人来说，项目任务书是展示变革项目必要性和价值的商业计划书；对于项目实施团队和干系人来说，项目任务书是展示变革项目范围、目的、要求的项目工作说明书（SOW）。

1998 年，IBM 全球变革咨询顾问团队为华为做的变革规划，涵盖了计划在 5 年内实施的八大重点变革项目，MM（市场管理）、IPD（集成产品开发）、ISC（集成供应链）等项目都列于其中。在这份专业的规划报告里附上了每个项目的工作说明书，以确保变革赞助人、咨询方、实施团队和干系人对项目认知的一致性。因此，我们要以更加严谨的态度推动流程变革项目的立项。每一个流程变革项目都要进行选题和策划工作，要明确项目的必要性、价值与成功的可能性，要为决策者批准项目提供依据。

项目的前期策划对后期的变革具体实施起到整体指导的作用。在项目策划阶段，要明确此次流程变革项目做什么、怎么做及谁来做的问题。在这一阶段，不但需要有谋划工作，还要有推演工作；要对资源进行配置，为高效使用资源构筑基础。

一个合格的流程变革项目任务书应当能够讲清楚七大方面的问题，我们可以将它们归结为 5W2H，如图 6-1 所示。

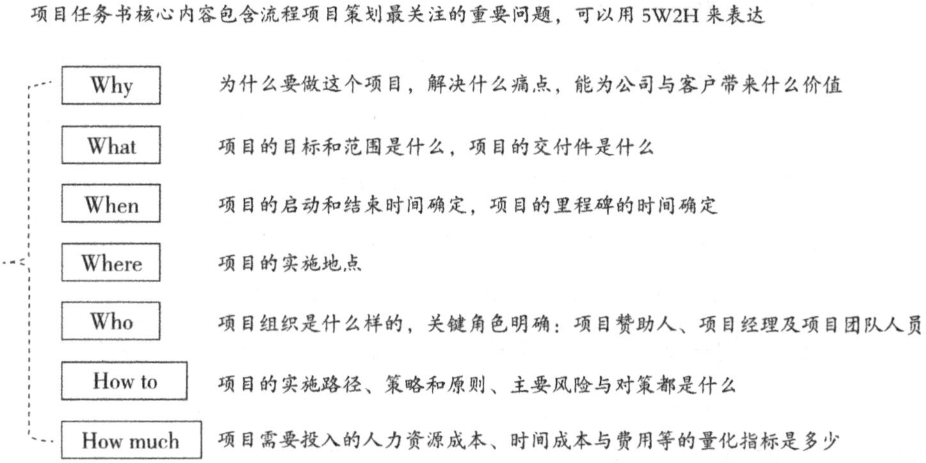

项目任务书核心内容包含流程项目策划最关注的重要问题，可以用 5W2H 来表达

Why	为什么要做这个项目，解决什么痛点，能为公司与客户带来什么价值
What	项目的目标和范围是什么，项目的交付件是什么
When	项目的启动和结束时间确定，项目的里程碑的时间确定
Where	项目的实施地点
Who	项目组织是什么样的，关键角色明确：项目赞助人、项目经理及项目团队人员
How to	项目的实施路径、策略和原则、主要风险与对策都是什么
How much	项目需要投入的人力资源成本、时间成本与费用等的量化指标是多少

图 6-1　用 5W2H 开发项目任务书

第一个问题是 Why，即“为什么做”。流程变革项目任务书首先要讲清楚这个项目的起因、意义和收益。作为项目的发起人，有责任让变革项目获得赞助人应有的重视。为达到这一目标，可以向赞助人展示绩效数据和典型痛点案例。

第二个问题是 What，即“做什么”。流程变革项目任务书要明确整个项目的目标、范围和交付件。这是项目对赞助人的承诺，是项目任务书最严谨的部分之一。如果承诺不够严谨，就会出现结果与承诺偏差较大的情况，这必然会导致项目发起者失去赞助人的信任与支持。需要注意的是：在变革准备度不足的情况下，项目发起者要投入更多的精力管理项目边界、变革节奏和赞助人期望，避免过于激进。

第三个问题是 When，即“何时做”。一个项目必须有起止时间。我们在项目任务书里面不但要设定启动时间，更要关注项目的截止时间。要以终为始，控制每个里程碑的进度。变革项目的发起人需注意设定项目最终汇报会的时间。当汇报会的时间确定下来以后，项目经理就会据此控制整个项目的节奏，安排工作进度。

第四个问题是 Where，即“在哪里做”。当企业启动一个流程变革项目的时候，往往已经有一定体量了。其办公地点可能分散在多个地方，多个城市，甚至是多个国家。那么，项目任务书里就需要识别清楚整个项目实施的地理范围及具体实施地点。变革项目实施的地理范围会影响项目的很多因素，如研讨方式、差旅成本预算、试运行项目选择等。

第五个问题是 Who，即“谁来做”。这是七大问题中最难做到位的一点。很多项目发起人只是为项目设定角色，希望随着项目的推进，逐步将角色分配到具体人选，逐步为整个项目找到配套资源。但是，实际情况往往是：由于寻找不到恰当的人选，迫于进度，项目经理不得不接受业务部门随意指定的人员。如果参与项目的人员不能适配项目的要求，则必将影响项目实施效果。比如，有些部门领导会指派部门内新员工来参与流程优化项目，他们本身对业务流程就不够了解，很难履行项目组成员的职责。

第六个问题是 How to，即“怎么做”。项目任务书要为项目定下实施原则，以降低后期发生项目冲突的风险。在项目任务书里还要确定项目的路径和实施方法，为编制项目各个阶段的详细计划提供依据。另外，在项目任务书里还要考虑项目的风险并评估风险、设定对策。

第七个问题是 How much，即“用多少资源做”。项目任务书要给出项目的预算，包括人、财、物等资源。对有量化管理基础的企业来说，在项目任务书里还要预计变革带来的财务收益。

后文，我们会围绕 5W2H 详细阐述如何策划流程变革项目。

第三节　如何开发项目任务书——Why

在项目任务书里，我们用项目背景描述来回答 Why——“为什么要做这个项目”。在项目背景描述里要讲清楚项目的来源、识别清楚项目的需求。

由于驱动因素的不同，项目可以分为两类：痛点驱动型和绩效改进型。

1. 痛点驱动型项目。痛点驱动型项目的动因来自业务痛点。所谓“痛点”，是指企业的业务运作过程中重复发生的、涉及内外部客户满意度和协同效率等问题的关键点。假如不及时解决这些痛点问题，会给企业持续造成业务损失、客户满意度下降等负面影响。项目任务书的撰写者要在项目背景描述里营造“着火的平台”的氛围，让组织产生危机感；使用数据和案例来产生直观的冲击力，引发项目赞助人的重视。

2. 绩效改进型项目。一般来说，有流程度量基础的企业才会开展绩效改进型项目。绩效改进型项目大多基于企业的年度流程绩效改进计划发起，由各个流程所有者对流程的持续优化负责。

我们可以通过内外部对标来设定绩效改进型项目的目标。可以选择影响企业绩效的关键业务流程进行改进，如“产品概念提出到上市”“订单到回款”“采购需求到付款”等流程。

企业要结合业务现状及竞争环境、变革能力等多方面的因素，进行综合判断，以此来决定每年流程改进的幅度。比如，竞争对手处于高速发展阶段，而且在市场上具有强有力的优势，那么，就更需要有紧迫感，投入更多变革资源，全面、大幅度地提升企业业务能力。

流程变革项目选题完成后，需要在项目任务书的项目背景描述里展示当前存在的问题和造成的影响。下面，我们以某通信企业的“样机送检流程”为例来说明这个问题。

我们首先要展示“样机送检流程”在某通信企业价值链中的价值、痛点和后果。

通信行业的特点是随着技术的发展，周期性地对通信网络进行升级换代（从3G到4G，再到5G）。现在越来越多的运营商要求投标企业提供样机、质检报告，并且对样机的送检要求也在不断提高。送检样机的质量与时效性会直接影响到投标企业能否入围。对于运营商来说，送检是对各个厂家研发、制造、交付、质量控制等方面综合能力的考核。

根据统计数据，该企业前一年参与投标的次数总共有316次，其中需要送样的投标有202次。有8次因为样机质量不达标或交付不及时，导致丧失投标资格，这类情况占比3.96%。有21次是因为样机的交期紧张，送检样机达不到某些性能要求，不得不通过价格折扣的方式进行平衡，这直接导致该企业利润受损，这类情况占比10.4%。

样机送检流程涉及该企业多个部门协同，但没有设置一个角色对全流程负责，甚至缺乏每一个里程碑的节点负责人。由此，导致流程整体缺乏控制，协同断点多，内耗比较严重。由于缺乏前期的预判，导致送检样机制作时间紧张，部分性能指标无法达到运营商的要求，影响客户满意度和企业利润。

以上就是某通信企业“样机送检流程”的变革背景。通过展示流程绩效数据和业务损失情况，可以引发项目赞助人的关注、重视，提升流程优化的优先级。

第四节　如何开发项目任务书——What

在项目任务书里，What 指的是“这个项目完成什么任务”的问题，需要用项目目标、项目范围和项目交付件来回答这一问题。

一、项目目标

项目目标有定量和定性两种设定方式。

如果企业的数据基础比较好，以定量的方式将项目目标具体化。等到项目成果总结时，对比项目实施前后的数据，更容易让大家见到项目的实质效果。我们还以上一节案例中的某通信企业“样机送检流程”为例来说明项目目标的设定问题。第一个优化目标是将送检周期从当前的 25 天缩短到 15 天；第二个优化目标是提升交付质量，送检样机的一次通过率从当前的 88% 提升到 95%。通过量化的方式设定目标，更容易激发变革的潜能。

目标的设定不能脱离实际，要基于对现状的把握才能评估改善的空间。目标的设定也不能过于激进，可以持续改进，让每次参与变革的人员有成就感。否则，目标太高，实现不了，容易产生变革挫败感。

如果企业不能准确把握当前数据，难以量化项目目标，可以在项目策划阶段先做定性描述，再通过后期的现状诊断与数据分析修订为定量的描述。比如，某通信企业“样机送检流程”的优化目标可以描述为“缩短样机的交付周期，提高样机送检的一次通过率”等。

还有一些优化目标致力于解决问题。比如，某通信企业“样机送检流程”缺乏责任主体，对应的优化目标就是“要在流程中明确责任主体，负责跟进送样流程，并推动送检通过”。再如，原流程未设定时间节点，对应的优化目标则为“流程中要包含每个节点的时间控制”。这些优化目标主要针对项目策划阶段发现的一些问题点而设定，以解决问题为导向。当问题得到解决，自然会带来指标变化。

目前，大多数企业的流程成熟度普遍比较低，没有例行化的流程绩效评估，缺乏量化的基础。所以，可以先从定性描述流程优化目标开始。

除了流程改进目标，积累流程优化项目文档和案例总结材料、培养流程优化人才、提升项目团队的流程变革能力等都可以是项目的目标和变革收益。

二、项目范围

在明确了项目目标后，还要明确项目的范围。所有的项目必须有明确的边界，边界不清会导致整个项目无数次的变更或无限期的延期。所以，要在前期策划阶段就确定项目的业务范围和组织范围。

项目的业务范围重点是描述流程的层级、边界和对应的业务场景。

首先，要明确该流程在企业流程框架中的位置。先要明确层级，是 L2 级别或 L3 级别的流程，还是 L4 级别的流程？此外，还要确定流程的起点和终点。

流程所对应的业务场景是指流程适用的客户群、产品线、区域、阶段、对象和需求类型等。比如，某通信企业“样机送检流程”通常是 L3 级别的流程，在大企业里面会是 L4 级别的流程。这个流程位于销售过程中，归属于商机管理流程组，是在投标入围前要完成的工作。这样清晰展现流程在整个企业流程架构中的位置，项目干系人在项目初期就对项目边界有统一的认识，可以避免项目实施偏离现象的发生。

相比某通信企业的“样机送检流程”，对于大多数企业而言，采购流程优化项目更需要明确业务场景。采购业务涵盖的范围很大：可能是生产物料、非生产性物资，也可能是服务采购。而且，要在项目任务书里明确是所有物料的采购，还是特定范围的物料采购。

当变革能力有限的时候，更要缩小变革项目的范围，控制项目的边界。可以针对某些特定场景先启动一个流程优化项目。优化项目成功后，再通过后续的优化项目逐步扩大到更多的场景。

除了业务范围，在项目任务书里还要明确组织范围，确定流程牵涉的部门，便于从所涉及的部门中选定核心组成员。我们还以某通信企业“样机送检流程”为例来说明这个问题。该流程通常会涉及营销、研发、实验、采购、计划、物控、品质等部门，每个业务节点都会有不同角色参与，这是一个跨度大、参与角色多的流程。

一般来说，组织跨度越大，特别是跨多个一级部门的时候，项目管控、资源配置的难度就越高；涉及的利益相关者越多，变革面临的挑战和阻力就越大。因此，必须提前评估本次项目会牵涉哪些内部利益干系人，是否涉及外部客户和合作伙伴。项目组织范围的描述也能让项目组成员对项目的沟通成本、变革阻力等情况进行预判。

三、项目交付件

除了目标与范围，还要明确项目的交付件，即项目输出的成果。

流程优化项目的不同阶段有不同的输出成果。项目策划阶段要输出项目任务书，项目实施阶段要输出流程现状图、痛点列表、优化目标、差距分析、优化方案、优化后的流程图、流程文件及附件、推行方案、项目成果报告等。如果流程变革项目涉及信息化需求，企业的 IT 系统也要跟着调整，那么，还会有 IT 系统的需求等。

第五节　如何开发项目任务书——When、Where、Who

一、When

在项目策划阶段无法把项目计划做得太微观，通常是制订总体计划，也就是里程碑计划。明确项目的启动时间、结束时间、各个里程碑的时间，明确关键的输出点和汇报点。图 6-2 为项目里程碑计划示例图。

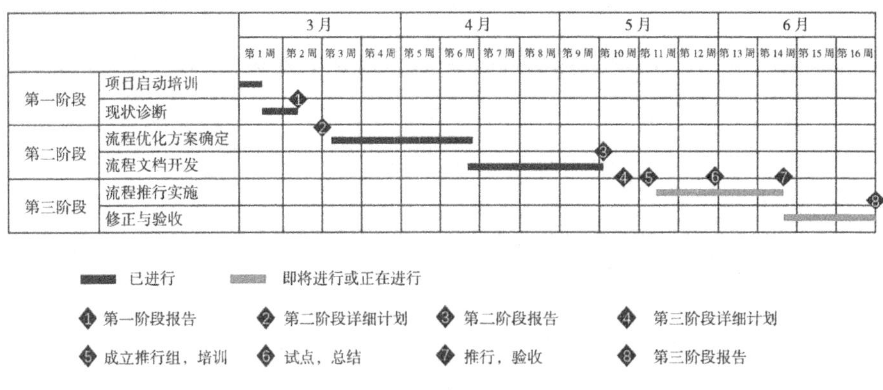

图 6-2　项目里程碑计划示例图

里程碑计划的精细程度要与项目复杂度、重要度相匹配。对于复杂项目而言，里程碑的控制点要更精细；而对于轻量级项目和快赢项目而言，可以合并和精简项目的汇报点。因为企业领导者的时间是有限的，过多的汇报会占用变革赞助人的宝贵时间，并且会由于赞助人时间安排不上而影响项目进度。

在每个里程碑节点，要输出前一阶段的总结报告和下一个阶段的详细计划，持续地实施进度管理。

二、Where

在项目任务书中还要回答 Where 的问题，这会影响项目进度和实施成本。

有些公司是全球化企业，在多个国家有业务。有些公司虽然不是全球化企业，但在国内也是多地域运作。所以，要判断项目的地域范围。

例如，某公司准备启动营销流程体系变革项目。该公司在全国有很多代表处、分公司等。在变革项目开展阶段，不可能走遍每个分支机构，必须选取具有代表性的若干分支机构作为试点，选择分支机构的代表参与到变革团队工作当中。地域范围选取时要考虑分支机构是否有足够的准备度和意愿度，是否具有标本意义，还要考虑到项目成本等。

更多企业开始适应线上的沟通交流、学习培训，这样可以提高项目的沟通效率、节约成本。但是，关键的项目活动，线下的沟通效果会更好，可以更充分、更深入的沟通。

三、Who

项目任务书里还需要回答 Who——“谁来做”这个问题。

项目团队的变革责任感和变革能力，对变革的成败起到关键的作用。选择好变革的人选是项目成功的重要因素。这里有两个关键角色不容忽视：项目赞助人和项目经理。两者都对变革成果产生直接影响，缺一不可。

对于企业层面的L1级别流程变革项目而言，赞助人应当是企业的最高领导，或者是以最高领导担任主任的变革委员会为赞助人。对于L3级别流程的优化，可以由某个业务领域的领导来担任变革项目的赞助人。也就是说，规模小的改进项目可以由所属部门的领导当赞助人；跨部门比较多的项目，要成立一个由主要涉及部门的领导组成的团队来做赞助人。

我在华为负责流程优化实施时，公司每个流程优化项目都会配置一个项目评审小组来承担项目赞助人的角色。

项目经理会选择流程中主导业务部门的一位负责人担任。流程支撑业务目标达成，因此，他需要对流程优化负责。流程管理部的人员尽量不要代替业务负责人担任项目经理。否则，变革角色会发生错位。但是，流程优化工程师需要参与项目，为项目团队提供方法和工具。流程管理部的人员熟悉流程方法论，在项目组里适合承担流程专家的角色。业务负责人熟悉业务及痛点，在变革涉及的业务范围内更有影响力，作为PO或PO的委托人要主动承担变革的责任，所以更适合担任项目经理。

项目团队的成员，主要分为业务代表和流程专家两大类，涉及后期IT实施的项目还要邀请IT专家参与。大型项目需要配置CM（Change Management，变革管理）人员。试点推行项目的选择，也需要在项目策划阶段考虑到。在项目组成立时，就要考虑如何进行试点，成立试点小组。

以上这些角色不必全部由各个部门的领导者“扮演”或担当。项目团队的成员可以分为两组，核心组和外围组。相关部门的领导可以被任命为外围组成员，参加项目中的关键活动。而核心组成员通常是各个主要流程环节的业务代表，业务代表一定是所在业务线上的业务专家。

让最了解业务的人亲自来优化流程，是项目成功的一个基本条件。不能让一个新员工当业务代表，因为他对业务现状还不了解，参与会议的时候无法提供有价值的输出成果，会影响会议效率。

项目核心团队的流程专家是个关键角色，因为变革过程中会涉及流程建模、流程优化的方法论。业务代表对业务非常了解，但对流程开发的标准和方法并不了解，如缺乏绘制流程图的能力、缺乏流程分析与优化的技术等。所以，需要流程专家在项目中发挥赋能作用。流程专家可以来自企业外部，也可以是企业内部流程管理部门的人员，或者是业务领域内的流程代表。

华为的流程变革项目都是业务专家和流程专家共同实施的。流程专家参与的变革项目多了，就会深入了解业务；同样，业务专家参与的变革项目多了，也会熟悉流程方法。这样，企业的流程就会越做越好。

企业层面的流程变革项目会配置 CM 专家，重点关注变革过程中人与人的沟通管理。流程变革要获得成功，需要利益干系人就变革方案达成共识。CM 专家需要在变革过程中识别核心利益干系人，做好沟通管理工作。沟通有多种方式，包括策划和实施“松土”培训、宣传、访谈、研讨会、汇报会等。CM 专家与业务专家、流程专家不一样，重点关注“人”的维度，在项目中的价值定位是化解变革阻力。

流程变革项目需要强有力的团队来实施，项目组织及角色资源的配置是项目成功的基础。

第六节　如何开发项目任务书——How to

流程变革，不要打没把握的仗。项目策划阶段，就要明确项目实施的路径和关键活动。

项目经理和项目组的成员要知道项目怎么实施，后续才能细化每个阶段的项目计划。

有明确的实施路径，项目赞助人更容易理解：这个项目为什么要花这么长时间，为什么需要投入这么多资源。否则，项目赞助人可能会觉得：不就是编写些流程文档吗，怎么要耗时 3 个月、6 个月或更长时间？一周不能完成吗？要让项目赞助人明白：变革是一个过程。

流程变革项目可以按流程开发的五大阶段来实施，如图 6-3 所示。

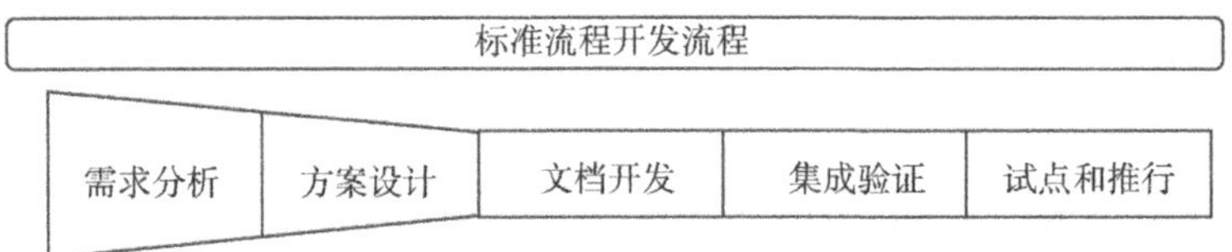

图 6-3　流程开发的五大阶段

一、需求分析阶段

需求分析要从以下几个方面展开。

1. 识别流程的上游、输入、过程、输出和下游。

2. 识别流程的架构，包括阶段和业务场景组合。

3. 理解客户的价值主张，从客户的角度审视流程的交付绩效要求，如交付准时、正确等。

4. 兼顾内部的效率要求，包括周期、成本等。

5. 考虑合规、认证标准及风险控制的要求。

需求经过评审后，进入方案设计阶段。

二、方案设计阶段

1. 通过资料分析、数据分析、访谈、研讨等手段，充分还原现状流程，汇集业务痛点。

2. 将现状流程和理想的开发需求进行比对，看看有哪些偏差，进行差距分析和对标工作，找到根因。

3. 组织研讨会优化举措，形成流程优化方案。关于如何进行流程优化方案的开发，我们在本书第七章展开阐述。

4. 方案经过评审后，进入流程文档开发阶段。

三、文档开发阶段

需要开发的流程文档包括优化后的流程图、流程文件及流程的附件。流程的附件主要是流程的活动级支撑文档，包括活动 SOP、检查表、交付件模板等。

流程的文档开发容易出现语言不一致的问题，最好有专业的流程工具支持。比如，EPROS 流程设计器内置了流程泳道图及流程文档开发的模板，可以清晰地描述流程的客户、输入、输出、活动、角色、关键控制点、关键成功因素、KPI 等，统一流程的开发语言和标准，控制流程的开发质量。

四、集成验证阶段

当某一个流程发生变更时，可能会影响上下游的流程接口，容易产生断点。所以，需要做流程之间的接口验证，确保流程的业务连贯性。还有，当流程发生变更时，需要组织重新适配、验证工作，流程的各个角色是不是有组织里面的真实的岗位去适配，否则容易产生责任上的盲区。

集成验证也需要工具支持。比如，利用 EPROS 流程设计器可以进行上下游流程的接口关联，去除业务断点；在绘制流程图时，可以进行岗位和流程角色的适配，去除组织断点。岗位和角色适配后，有利于下一个阶段的宣贯推行，流程执行者可以快速学习新流程、理解执行要求。

五、试点和推行阶段

试点是指对新流程进行测试，验证流程是否达到设计意图，是否具备可操作性。试点结束后，需要更新流程文档。根据文控要求，递交审批发布后，正式推广实施。关于如何进行流程试运行工作，我们会在本书第七章展开阐述。

项目团队要组建各个推行小组，负责新流程的培训、运行初期的跟踪与辅导等工作。

在项目任务书的 How to 部分还要考虑项目风险及相应的应对措施。需要识别已有的或潜在的风险，进行描述和评估，给出风险的应对举措。比如，表 6-1 里描述了一个风险：干系人业务繁忙，项目投入时间不足。因为企业流程成熟度低，项目团队成员的时间不可控，被各类临时的工作事项干扰，占用流程优化项目的时间，影响项目进度和质量。经评估，此风险的重要性、紧急性和影响程度都为“高”。结合企业的实际情况，我们为此风险设置的应对举措是：首先，获得赞助人的支持，请赞助人在项目开工会上明确项目的重要性；其次，在项目策划阶段就要求团队成员和干系人进行时间承诺，在项目开工会上签订承诺书。不同企业应对同样风险的措施是不同的，有的企业通过变革激励（包括绩效牵引和奖励机制）来牵引，以获得更优先的资源投入保障。

表 6-1　风险识别及应对措施示例

风险源	风险描述	紧急度	重要性	影响	应对措施	责任人
	业务繁忙，成员参与度不足	高	高	高	1. 时间承诺与绩效牵引 2. 赞助人支持 3. 合理灵活的时间安排	项目经理 流程责任人
	项目成员的流程意识低，缺乏以客户满意为导向的全局受益的服务意识	高	高	高	1. 组织流程管理知识经验学习交流活动 2. 发掘内外部典型优秀流程管理标杆模式，进行研讨、推广 3. 外聘流程顾问指导，答疑解惑	项目经理
	流程建设评价导向机制不到位，不能有效参与流程建设，缺失遵从的热情，影响流程建设效果	中	中	中	建立流程建设评价制度并执行	流程责任人 项目经理
	……	……	……	……	……	……

风险管理强调提前识别和预防，前期考虑的越充分，后期便越容易规避、化解风险。

清晰的项目实施路径也是制订项目计划的依据。依据项目实施路径及里程碑计划，分解每个阶段的重点活动和任务，分配资源和确定进度要求。

第七节　如何开发项目任务书——How much

为了获得变革赞助人对项目的支持，变革发起人需要向变革赞助人展示项目的预算和收益（见图 6–4），即项目需要投入的各种资源和成本与可能带来的财务收益。这就是要项目任务书回答 How much 的问题。

项目预算

业务费用	• 项目团队人力资源成本及时间成本的投入 • 项目运作费用，如差旅费用、场地费用、办公资源费用等
BP & IT 费用	• 外购设备 • 软件 / 平台 • 外部咨询顾问 • IT 外包人力资源费用
激励费用	• 项目资金

项目收益

将项目目标、范围、业务需求以变革收益的形式表达并粗略估算收益，然后以量化的数值呈现

收益编号	收益描述（KPI）	目标收益
1	降低需求变更频次后节省的人工成本	×××× 万元（3 年内）
2	减少合同审批周期	减少 0.5 天，现为 3 天
3	减少变更损失费用	×××万元，现为 ×××万元
4	……	……

图 6–4　项目预算和收益

项目的预算包括对人力资源、财务资源使用的预估。此处人力资源的预算指的是变革项目投入的人力资源成本及时间成本，基于项目的主要活动确定项目资源需求，赞助人也关心人力资源投入情况和可能给企业短期经营带来的影响。

人力资源投入预算要细化到每个阶段、每个项目角色大概需要投入多少人及需要耗费多少天时间。

首先，项目赞助人要了解他在项目实施过程中需要参与的活动（如项目开工会、各个阶段的汇报会，以及若干沟通会议）的次数、时间点及每次活动占用的时长。

其次，项目经理与项目核心团队成员需了解自身需要投入的工作量，以平衡业务和项目的时间分配。重大的变革项目需要项目经理及项目核心成员脱产，一心一意地进行变革项目实施工作。当年，华为的大型变革项目，项目经理与核心组成员都必须脱产。不过，绝大多数流程优化类的项目不需要脱产，只需要项目团队成员投入部分工作时间即可。

财务预算是对项目运作产生费用的预估。比如，跨地域项目的差旅费用、集中办公的场地资源费用、聘请外部流程顾问的费用、软件平台导入的费用及信息化外包的费用等。编制项目财务预算的时候，要综合考虑这些费用，再列出本次优化项目需要投入的资金预算。

为了激励项目团队，流程变革项目可以申请项目奖金包并列入项目预算中。项目奖金包包含项目组的团建活动费用、项目奖金等。可以通过评奖来激励优秀项目团队。

要避免以提成的方式进行项目奖励。所谓提成，是指依据项目给企业带来的财务收益按比例奖励项目组。这种对赌的方式过于功利，容易导致数据造假现象发生。而且，有的优化项目短期不一定会产生直接的财务收益，这样的制度会影响企业整体流程优化推进效果。流程变革项目的奖金不必太高。这更多是一种荣誉，是一种团队氛围促进剂。

若企业的量化管理基础比较好，有足够的数据信息基础，流程变革项目还可以进行项目收益预算。例如，某公司的产品需求变更非常频繁，流程优化后，减少了变更次数，可以节省研发资源投入的成本是多少。再如，某通信企业的“样机送检流程”优化后，减少了因性能不达标带来的折扣利润损失，这部分的收益也可以通过财务数据来衡量。

有些项目很难在项目策划阶段计算变革收益，但流程变革项目的发起人和项目经理需要有财务意识，善于从财务的角度看待流程的改善空间。变革是一种投资，项目最终是要产生收益的。

项目发起人撰写项目任务书，有利于推动变革项目的顺利立项和成功实施。缺乏变革项目的策划，就会放大项目风险，就算有事后纠偏措施，变革的成本也会变高。

第八节　评审项目任务书

撰写完成的项目任务书要交由流程变革赞助人进行评审。通过评审后，启动流程变革项目。那么，怎么才能让流程变革项目的项目任务书通过评审呢？这就要了解项目评审是如何运作的，要站在流程变革赞助人的角度看待变革项目。

流程变革项目的评审一般分为 5 个步骤（见图 6-5）：首先，进行策略筛选，评审“为什么要做这个项目”；然后，进行资源能力筛选，评判“是否有能力做这个项目”；接下来，做决策标准的评审，评审“这个项目是否有吸引力”；再做财务评估，评审“这个项目在财务上是否有意义”；最后，评审各个项目之间的关联和协同，能否组合。最终，决定哪些项目通过评审，可以立项。所以，我们在撰写项目任务书的时候，要从项目赞助人的评审角度去思考问题。

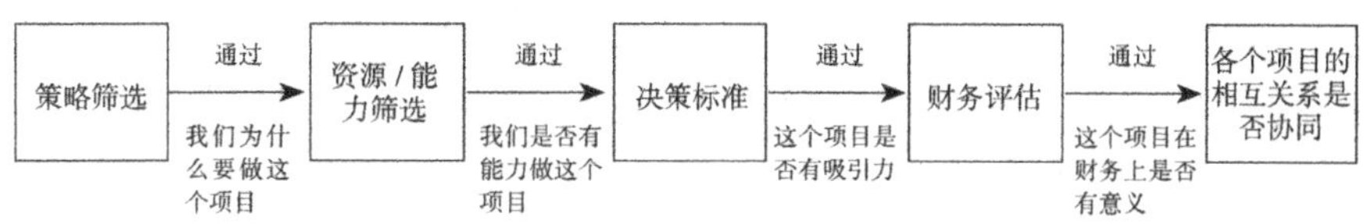

图 6-5　流程变革项目评审的 5 个步骤

首先，为什么要做这个项目而不是别的项目？这是项目组必须回答的问题。项目任务书的项目背景描述要让项目赞助人一看就能理解。所以，项目背景描述要通过痛点案例、绩效数据、对标等各种方式进行，让项目赞助人感觉做这个项目是有价值的。

其次，要让项目赞助人了解团队能力，要在项目任务书里展示路径、策略和怎么做、谁来做等信息，表明团队是有能力做成这个项目的。帮助项目赞助人建立信心，使他愿意投入资源。

再次，要展示项目的吸引力。让项目赞助人看到项目的重要性、战略关联性。让他觉得这是企业当前最重要的事情之一，有必要去优化这个流程。

最后，要展示企业财务层面上的收益，即变革的投资预算、收益预期等。财务的评估主要是看投入、产出情况，投资收益比能否吸引项目赞助人。如果项目的投入过大，跟企业当前的利润不匹配，那项目赞助人可能会建议项目缩小范围或暂缓进行等。

此外，还需要站在项目赞助人的角度考虑当前项目与企业正在进行的项目、准备启动的其他项目的关系。流程变革是有顺序的，项目发起的时间点非常重要。

从变革的顺序来说，流程变革类的项目应该先于 IT 应用项目实施。企业应该先进行流程梳理和优化后，再将部分流程固化到系统中。比如，实施 ERP，需要对企业的供应链流程进行蓝图规划、现状还原和优化设计。这样一来，实施 ERP 系统的投资回报会更高。我们需要将高质量的流程固化到系统中。

企业要做好变革项目规划，理清各个项目之间的关系，以及实施的优先级。某一个项目的发起人未必了解其他项目，但流程变革委员会、变革项目管理办公室或流程管理部门是能够看到全局的，这些组织需要通盘考虑各个项目启动的顺序和时机。

通过变革项目的策划，管理各干系人对变革的期望，控制变革实施的风险，是变革项目成功的基础。

第七章

流程变革项目实施

导读

第一节　流程现状建模——业务复盘和检讨

一、收集业务现状信息

实施流程变革项目时，首先要充分了解业务现状，这样有利于流程现状建模并暴露问题。

收集业务现状信息有多种手段方法，如收集资料、发放调查问卷、流程干系人访谈等。需要收集的资料包括变革涉及领域的业务规划和业务策略、现有制度和流程文件、相关组织架构、流程产生文档记录、运营指标数据、痛点案例、领导讲话纪要，以及对标的相关资料等。资料收集后，接下来就需要解读资料，从中了解流程涉及的业务范围、组织范围、输入输出、业务路径、角色分工、绩效要求等。通常，获取的流程文件和实际运行的业务流程会有所差别，但至少可以在调研访谈之前帮助我们识别流程的利益干系人，以确保精准选择访谈对象。调研访谈时，要重点关注当前这个流程主要涉及哪些业务环节。首先，要识别流程中所有的活动，以及这些活动对应的角色和这些角色对应的岗位，还要识别清楚这些活动的路径。因为很多流程文件仅仅将责任划分到部门级别，没有分解到具体角色，更没有关联到具体岗位，流程呈现不充分。因此，在调研访谈阶段，我们需要了解一个真实运行的端到端流程，为后续的流程现状建模工作做好准备。

在流程现状建模阶段，我们还要了解流程的业务痛点。在调研访谈过程中，会出现交叉反馈问题的现象。例如，下游环节会反映上游环节的问题，业务前端会反映后端的问题，多个环节反映某一个环节的问题等。这些反馈信息有助于我们更加完整地了解流程的全貌，以及它的主要痛点，以便形成痛点问题清单。另外，在流程现状建模阶段需要进行数据分析。在流程优化项目总结时，尽量用数据展示变革收益。因此，在优化流程之前需要了解业务流程的绩效现状，再与优化后的流程绩效进行对比分析，用数据衡量优化的成果。所以，在现状调研阶段要抽取一定样本的数据进行统计分析。我们可以针对流程的运行周期指标进行样本数据采样和统计分析。首先，要界定指标。例如，“订单到交付流程”的周期，是指从订单接收到交付验收完成的时间；再如，“问题产生（提出或受理）到解决流程”的周期，是指从问题受理到问题关闭的周期。这些数据分析的结果相当于一条基准线，反映了当前流程运行的绩效水平。我们可以从客户视角、财务视角、对标视角设置流程优化的目标，再进行流程优化。优化后，需要流程试运行，利用试运行的数据进行统计分析工作，对比优化前后的数据变化，明确优化成果。

二、选择流程图模板

在流程现状建模阶段，组织流程现状还原工作坊之前，还要选择流程图的模板。我们推荐使用泳道图（见图 7–1），这也是国际上绘制流程的最佳实践。

所谓泳道，是指每个角色对应一条横向泳道，同一角色执行的活动在同一条泳道上呈现。泳道图有两个维度，横向的为业务维度，反映做什么，从流程起点到终点，按照时间的顺序将整个业务路径一步一步展开；纵向是组织维度，反映谁来做，即执行活动的角色。使用泳道图可以清晰地展现整个流程现状。

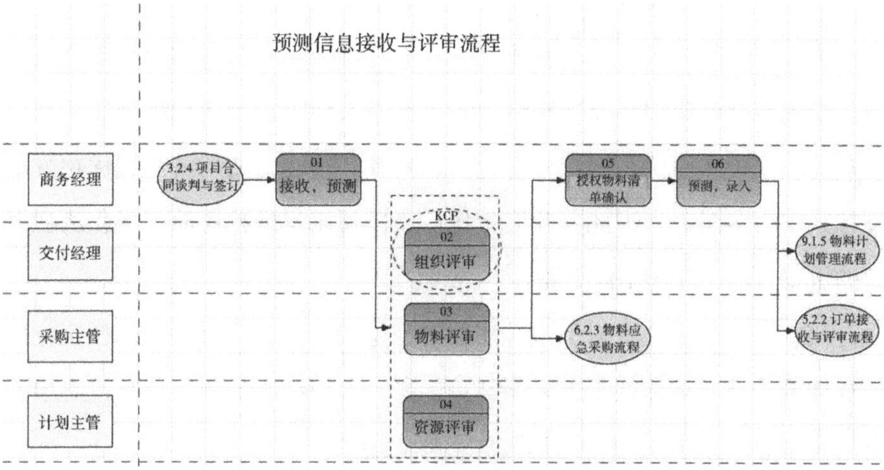

图 7-1　泳道图示例（预测信息接收与评审流程）

好的流程图建模语言要体现出价值导向。图 7-1 所示的泳道图第一条泳道的角色默认是客户，也就是本流程的需求发起人，体现了流程的客户导向，提醒我们：流程要为客户产出价值。另外，图 7-1 所示的泳道图最左边的角色要求匹配到岗位或虚拟组织。

岗位和流程角色的匹配，可以确保流程中各项活动的责任主体清晰，以便明确分工并将责任落实。

三、组织流程现状还原工作坊

完成流程现状信息收集后，就可以进入下一环节——组织流程现状还原工作坊。

为什么需要以工作坊的方式来做流程现状还原呢？因为没有任何一个人可以将流程完整地描绘清楚。绝大多数的流程都涉及多个部门多个岗位参与。所以，在工作坊环节，一定要让主要的利益干系人参与进来。这样，一方面有利于从不同的角度更清楚地了解整个流程现状；另一方面，有利于让干系人通过研讨等方式对整个流程有更全面的理解。

通过工作坊，既有利于暴露问题，又可以强化参与者的流程端到端意识。当我们把全流程还原出来时，各个干系人会惊讶于流程中居然存在这么多的问题，从而认识到流程优化的必要性。这会为随后的流程优化方案设计减少很多阻力。因此，开展工作坊，作为流程现状还原、强化流程意识的重要过程，一定不能省略。

现在，有的企业在对标最佳实践时会生搬硬套，直接套用标杆企业的流程体系，但结果往往是怎么用都用不好，归根结底的原因就是没有根据自己企业的实际业务及发展阶段进行流程适配。

流程现状还原时，要强调真实性。流程本身就是客观存在的，要将其梳理出来，真实地展现在大家的面前。所以，在开研讨会的过程中是以提问的方式进行流程研讨工作的。研讨过程中，有引导者，也有贡献现状信息的各方流程代表。通过问和答的方式，大家就把整个流程的故事情节、人物角色充分还原出来。研讨过程中，还要确保整个流程表现的完整性，流程所包含的所有活动及角色都不能缺失。

流程要准确识别输入、输出的内容，构建相互关系。可以通过运用贴黄纸贴的方式进行现状还原工作，而不是马上在电脑上开发流程图。

黄纸贴是头脑风暴的重要辅助材料。黄纸贴的好处是聚合信息、集思广益。黄纸贴可以灵活移动。比如，还原流程现状时，突然发现漏了一个环节，那就可以通过移动黄纸贴将遗漏的环节补充进去。可以随时补充活动或角色，这样就不会限制参与者的思维。反之，如果直接展示已还原好的流程再进行讨论，人的惰性就会让参与者很难全神贯注地参与其中。所以，要通过头脑风暴、贴黄纸贴的方式，让干系人更容易地把实际业务流程充分还原出来。曾经，我给一家企业培训后，这家企业的每个办公室都挂上了大白纸，贴满了黄纸贴。后来，他们还为此盛况专门写了一篇文章，叫作《满城尽带黄纸贴》。

在流程现状还原工作坊环节结束后，就要运用像EPROS这样的流程设计器完成流程图绘制并进行项目阶段的归档工作。

四、输出痛点列表

除了展现现状流程，流程现状还原工作坊还有一个重要环节——输出痛点列表。随着研讨会的进行，参与者会提出很多现实痛点问题。需要对问题进行筛选，运用二八原则对问题进行排序，整理成痛点问题列表。下面，我们以一家化妆品公司为例来说明这个问题。

对于某化妆品公司来说，化妆品的包装物比较重要，会影响销量。当前的痛点是产品包装物开发周期非常长，对其业务影响非常大。

还原实际流程后发现，整个流程包含几个部分：从设计需求发起开始到设计方案确认；然后，会找广告公司进行“打样”；之后，再进行“打样”评审……把全流程还原后，共计52个活动，参与研讨会的人全都感叹：看似简单的事情，流程竟然如此复杂。但是，这就是真实情况。真实的流程就是这么长。大家发现，作为一个业务流程，仅审核点就占了一半，这是非常低效的。

大家在还原现状流程的过程中进行痛点问题的研讨，其中一个痛点是设计方案的审批周期非常长。造成这个问题的起因有3个：①前期需求识别不明确，所以设计方案各方都不满意，造成了反复变更方案的后果；②审批环节基本上都是串行进行，耗费时间很长；③变更方案缺乏标准，说变就变，导致整个包装物开发工作一再重新开始，很多时候是审批程序走了一半以后，需求变了，又重新开始设计方案。还有，在设计方案确认后，请广告公司这样的供应商进行“打样”的过程中也暴露出来很多问题。比如，供应商的“打样”工作进行了一半，由于需求变更，供应商需要重新“打样”。再有，供应商水平也参差不齐，“打样”效果很难保证统一。

当以上这些问题都暴露之后，我们把痛点问题用列表（见表 7-1）的形式呈现出来。痛点问题涉及流程的各个大环节。这些问题该怎么区分？这个问题属于流程类问题，还是属于组织类问题，又或者是属于 IT 信息化方面的问题？在对问题进行区分的时候，要对照、参考一定的标准进行区分。

表 7-1　痛点清单示例

某化妆公司的化妆品包装物开发流程——痛点列表			
流程节点	问题内容	问题分类	案例
设计方案确认阶段	1. 需求识别不明确，导致设计方案不满意，反复更改 2. 审批节点过多且为串行，耗费时间长 3. 标的变更缺乏标准，说变就变	流程	
确认标的及“打样”阶段	1. 标的变更频繁，耗费时间长 2. 供应商水平参差不齐，效果不能保证	流程	
……	……	……	
……	……	……	
……	……	……	

我们可以通过举案例的方式来识别问题。举案例就是列出实际发生的业务案例。比如，针对某化妆品公司化妆品的包装物开发流程，选择几个

近期完成的项目，通过阅读这些项目文档、记录文件，去确认这些问题是否真实存在。例如，一些报批流程会产生一些系统记录，就可以帮助我们举证来说明流程确实存在很多问题。

经过收集现状信息、选择流程图模板、组织流程还原工作坊、输出痛点列表等环节后，就完成了流程现状建模工作。

第二节　流程的差距分析

流程的差距分析是指分析当前的现状和流程优化目标之间的差距并找出根因。

在流程优化项目策划阶段，已经确定了流程优化目标。但是，由于那个阶段的数据还不够充分，目标很难量化，只能定性地设定目标。为了弥补这一点，就要在流程现状还原之后补足相应的数据，进行数据统计分析后基于对现状痛点的把握设定合理的定量目标。

下面，我们还以前文的某化妆品公司的案例来说明如何设定合理的定量目标。该化妆品公司化妆品的包装物开发流程的流程运行周期是 6 个月。基于对现状流程的分析，发现这个流程中存在很多的不增值环节，占用了两个月的时间。所以，我们就可以把流程优化的项目目标定为：包装物开发周期缩短为 4 个月。

流程指标即流程绩效指标，一般是在流程开发阶段确定。在发布流程文件的时候，其中一个文件要素就是流程 KPI（流程关键绩效指标）。一个流程会包含若干个 KPI 来衡量流程的绩效。

流程指标包含结果指标和过程指标。结果指标主要看效果，是从客户视角或企业的财务收益视角确定的指标。比如，“订单交付流程”，从客户的视角出发，客户关心订单的交付准时率、订单的交付准确率等。过程指标包含了效率指标，主要反映的是时间和成本，即从流程起点到终点，运行这个流程的时长。通过这个指标可以反映企业内部的协同效率，可以揭示出流程是否有一些非增值的冗余活动。流程要消耗很多成本，每个活动环节都要投入人、财、物。需要计算流程的单位成本。

ABC 分析法，也就是基于活动的成本分析法，可以计算出流程进行中需要花费多少成本。有时，大家会发现：过程中的成本花费竟然比流程最终产出的价值还要高，即运行这个流程是亏损的，是完全不增值的。所以，要时时刻刻关心效率，确保每个流程都有正向收益。

流程再造理论的创始人迈克尔·哈默曾经在主题演讲《什么是优秀的流程》中提到，一个优秀的流程要符合以下 4 个特征：right，交付要正确；fast，交付要快；cheap，成本要低；easy，感受要便利。其实，流程绩效改进的目标也是围绕着上述这 4 个方面而展开的。

当流程优化目标确定后，就可以进行差距分析。差距分析的方法通常有价值分析法、根因分析法、对标分析法等。比如，前文提到的化妆品的包装物开发周期当前是 6 个月，优化目标为缩短至 4 个月，之间存在两个月的差距。我们可以通过价值分析法进行活动分析，如何缩短这两个月的差距。

1. 价值分析法（见图 7–2）。如果一个流程存在几十个活动，那么，优化团队就要思考：是不是每个活动都有存在的意义和价值？我们需要沿着流程的路径对每一个活动的价值属性进行判断，这个过程就可以称之为价值分析法。我们可以从以下 3 个维度进行综合判断。

第一个维度：识别对客户增值的活动。

考虑这个活动对客户而言是否有存在的必要？去除掉后，是否会对客户产生影响？其实，一个流程中客户真正需要的活动并没有那么多，可能是 1/3，甚至 1/4 都不到。例如，"客户问题解决流程"，对于客户来说，只是有个问题需要解决，客户并不关心如何解决。产品发生故障，客户打电话报告故障，对于客户而言，真正有价值的就是恢复产品的正常使用状况。比如，消费者的空调坏了，打电话报修，消费者也只是关心维修人员什么时候可以到其家里将空调维修好。所以，在判断活动价值属性时，首先要识别客户真正关心什么，哪些活动有助于提升客户满意度。

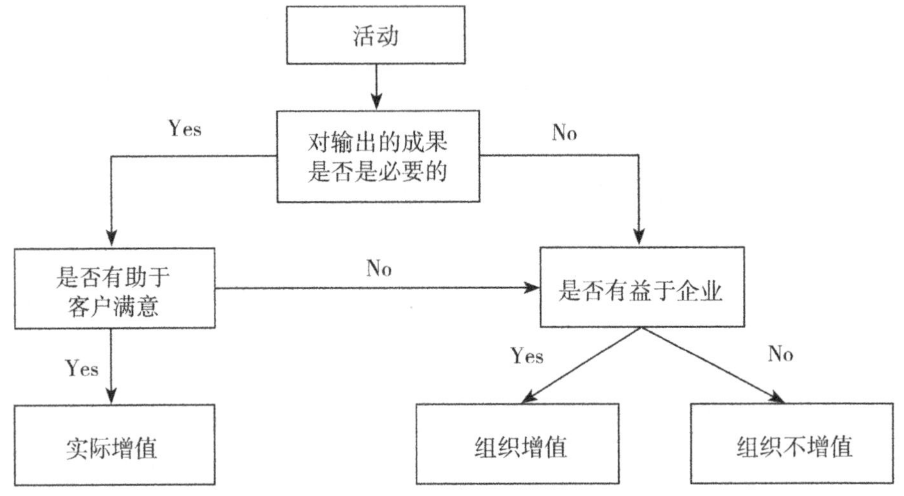

图 7-2　价值分析法

第二个维度：识别对企业增值的活动。

有些活动对客户没有价值，是不是一定都要去掉？此时，需要从第二个维度进行判断。假如流程中的某些活动不是客户关心的，那就要判断这些活动对企业是否有益，也就是所谓的组织增值。流程中会存在一些辅助类的活动。比如，客户打电话报告故障，客服代表首先要将客户的问题记录下来，形成记录文档。这项活动虽然客户不关心，却是必需的，因为任何反馈的问题都需要保存下来。假如信息不存储，就无法进行统计分析工作，更没有办法追溯流程。而且，客户问题记录是下一环节问题分类的输入环节。所以，客户的问题信息记录需要保存下来。再如，分派资源这个环节也是组织需要的。如何合理地分配资源？不同级别的故障派给谁处理？派到哪里更合理？需要什么类型什么级别的人去为客户服务？对于客户而言，他们并不在乎分派任务这个业务动作；但对于企业而言，如果资源调配不合理，会直接影响企业资源的使用效率。因此，对于组织有价值的活动，我们需要保留下来。

第三个维度：识别不增值活动。

有一些活动，对客户没有价值，对组织也没有价值，可以把它定义为不增值活动，如流程的中转环节、重复审批环节等。这些活动对客户和企业自身都没有价值，但在流程中占了很大的比重。如今，非常多的企业的流程中普遍存在大量不增值活动，这些活动需要在流程优化设计时进行精简。

2. 根因分析法。所谓根因分析法，就是寻找导致问题发生的源头。当问题多次出现时，可以通过问 5 个为什么（5Why 法）来反复探索问题背后的根本性原因，找到问题的核心点，再进行改善。当问第一个为什么的时候，得到的原因可能只是表象，还需要继续进行探询。当问了几个为什么之后，沿着因果关系的链条穿越多层表象，就能挖掘出问题背后的根本性原因。5Why 法并不意味着要问 5 次，5 是一个代表性数字，一切以解决问题为出发点，具体问题具体分析。图 7-3 所示为根因分析法的结构。

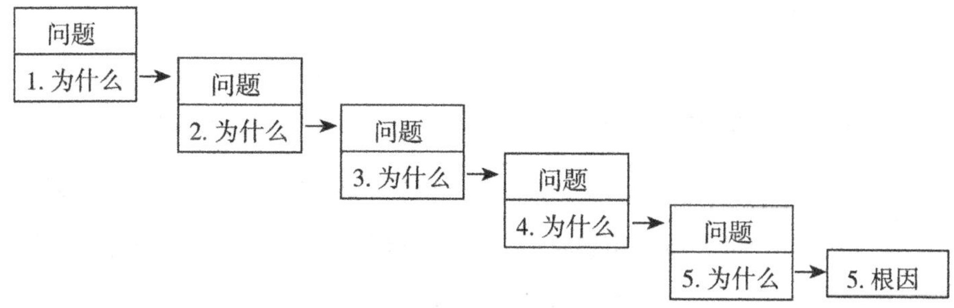

图 7-3　根因分析法的结构

下面，我们以前文提到的某化妆品公司化妆品的包装物开发流程为例来阐述根因分析法的运用，如图 7–4 所示。为什么化妆品的包装物开发周期那么长？经过对现状流程还原及分析，会发现主要有 3 个原因：①前期包装物设计方案的审批周期长；②“打样”周期过长，供应商“打样”的执行时间不可控，经常会拉长周期；③“打样”结束后，内部审批周期过长。

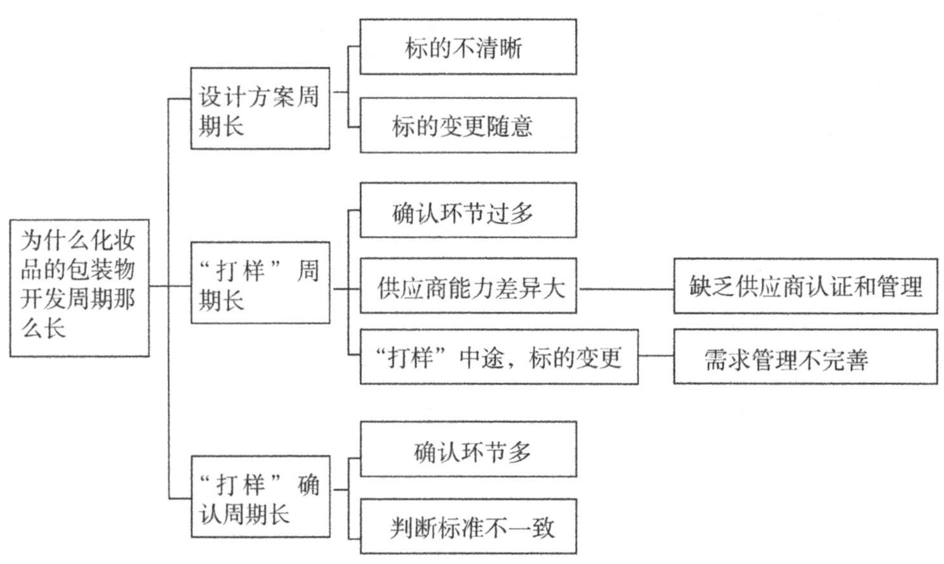

图 7–4　某化妆品公司化妆品的包装物开发周期长的根因分析

为什么设计方案的审批周期那么长？是什么原因造成了这个现象？第一，因为需求不清晰，包装物开发需求模糊，导致内部的确认时间过长。第二，因为内部开发方案变更很随意，一旦变更，所有活动就需要推倒再重新开始。特别是大量的审批活动影响了整体时长。并且，一个开发项目的方案变更是高频的、随时发起的，很多时候已经进行到最终环节了，却又要返回重新确认需求的环节，重新审核方案。如果评审不通过，还要打回到前端重新定义需求，再进行新一轮的审批工作，时间就越拖越长。第三，在包装物设计方案阶段有过多的审批环节。

那么，影响“打样”周期过长的原因是什么呢？第一，供应商能力差异大。由于该化妆品公司选择的供应商能力参差不齐，造成“打样”周期的不可控，影响整体进程。第二，“打样”中途，需求变更。前端需求突然变更，导致供应商重新“打样”，不断返工。

为什么“打样”结束后，内部审批周期过长？因为需要确认的环节过多，而且评审标准不一致。A 领导这个环节通过了，但到 B 领导那就不行，大家的评审全凭个人感觉，没有一个统一的评审标准。这样就不停地倒来倒去，供应商不断地返工。供应商烦，项目相关人员更烦。

根因分析法就是反复探索问题背后的根本原因。比如，就上面某化妆品公司的案例而言，我们可以继续设问造成供应商能力差异大的原因。由于前期进行供应商选择时，缺乏供应商认证和供应商管理。又比如，为什么需求不清晰呢？那是因为进行需求收集时，需求管理活动缺乏相应模板，往往是随意地口口相传，得到信息就去做，做不对再回头改。其实，只要完善需求管理表单模板，完善配套机制，这些问题都可以避免。

通过根因分析法，将问题深入解剖，从根源解决问题，改善流程现状。

3. 对标分析法。对标分析法是通过跟业界最佳实践进行对比，寻找现阶段企业自身差距的方法。下面，我们以国内一家电子消费品行业的龙头企业为例来介绍对标分析法。

某电子消费品企业从客户问题接入到最终解决，平均周期为 1.62 天，但本行业全球标杆企业的处理周期是 1 天。该企业 95% 的问题在 5 天内解决，而标杆企业 95% 的问题是在当天内解决，如图 7–5 所示。周期长短数据一比较，直接反映出该企业与标杆企业的差距。

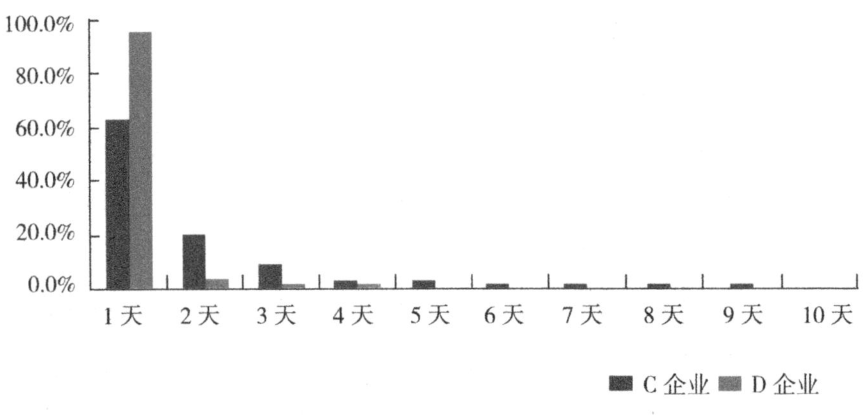

图 7-5　对标分析法示例

既然发现了差距，那么，如何才能弥补差距呢？首先，我们要去了解标杆企业是怎么做的。比如，标杆企业会在客户首次致电就直接解决一部分的问题。他们是如何做到高效率解决问题的呢？这就需要通过同行交流或通过第三方咨询等方式了解最佳实践的方法，从而弥补自身的差距。比如，我们了解到最佳实践企业已将很多标准化的问题形成了解决方案库。这样一来，只要对客服代表进行培训，客服代表就有能力直接解决非技术类故障问题。数据表明，该标杆企业的非技术类故障问题的在线解决率可以达到 90% 以上。

有了差距分析，才能更科学地解决问题，而不是基于表象头痛医头、脚痛医脚。

第三节　流程重设计——将优化举措融入新流程设计

完成现状还原与差距分析后，接下来要进行未来流程设计，不仅要对流程做减法，有时也要做加法。

什么地方需要做一些减法？前文提到的那些非增值环节需要做减法。比如，流程中的等待环节、传递环节、重复检查环节等，这些环节都是可以精简的。不只针对活动，还有一些冗余的角色也需要在优化设计时精简掉。也可以合并角色，将专业相似度较高的活动合并并让同一个角色执行。

流程优化当然不能只做减法，也需要做一些加法。一方面，流程里非增值的活动过多；另一方面，真正的价值创造活动缺失，或者缺乏精细化设计，更多是靠经验执行。流程中 20% 的关键活动可以影响流程 80% 的绩效达成。关键活动的准确识别及对关键活动的详细定义都有利于流程绩效改善。

当前，大多数企业的流程效率低下现象非常明显，大家一谈流程就想到审批流程，只有管控思维，缺乏服务思维。

流程需要实现增值的目标，所以要强化关键业务活动。比如，前文提到的化妆品的包装物开发流程中，需求管理活动、方案设计活动都是关键业务活动，这些环节需要强化；而方案确认及“打样”确认过程中的重复审批类活动，都需要大幅度精简。

除了加法和减法，也可以采取并行的技术将一些串行的活动并行化。无论是产品研发流程还是营销流程，又或者是管理类流程，都可以运用这个方法来提升效率。

不少流程职能化特征比较明显，往往是一个部门做完后传递给下一个部门。这是典型的串行工作模式，这样的工作模式造成工作效率极低的结果。比如，一个新员工入职后才开始进行电脑申购工作，配置电脑不及时就会影响新员工的工作效率及工作热情，这就是典型的串行工作的弊端。如果提前共享入职信息、同步生成资源配置计划和采购流程并实施之，新员工上岗后，各类资源就能及时到位。

流程多样化设计也是常用的流程重设计技巧。可以按照不同的场景进行流程差异化设计。比如，对不同类型的设计变更进行分级，低级别的可以授权项目经理进行决策，高级别的变更可能需要专家委员会决策。

当优化举措确定之后，就可以绘制优化后的流程图，新的流程要融入各类优化举措。除了流程图以外，还要匹配相应的流程文件。流程文件可以根据企业的文控模板要求进行相应的要素定义。当然，不同的企业，文件元素配置数量也不一样。例如，大中型企业的流程文件有 12~16 个要素，规模小的企业的流程文件包含一些基本要素即可。如果要素过多，编写一个文件的周期就会拉长，这很容易让参与者产生畏难情绪。

一个标准的流程文件应当包括以下要素：流程目的、适用范围、术语定义、输入输出、角色职责、流程图、活动说明、表单记录、作业指导书、相关文件、流程 KPI 等。

前文提到的化妆品的包装物开发流程采取一系列优化举措后，开发周期从最初的 6 个月缩短至 4 个月。原流程包含 52 个活动，优化后变成了 39 个活动。

流程改进需要循序渐进，减少阻力，以确保每个阶段的成功。当一个企业持续不断地实施流程变革后，变革的参与者会越来越多，参与者对流程的认知会发生很大的变化。假如企业 1 年优化了 30 个流程，全年参与流程优化项目的人员可能会达到 200 人以上。

企业管理人员和业务专家通过多次参与流程改进工作，不断强化系统性解决问题的能力，提升自身的管理素养。他们当中的每个人都可以成为流程变革的种子选手，于是，“星星之火可以燎原”。其实，变革就是个过程，通过这个过程可以使得企业的更多人员相互了解对方的工作。过去流程粗放的时候，大量的业务活动和角色被隐藏了，很难让参与流程的各方相互了解，直接影响协同的效率及意愿度。

通过流程优化的过程，流程涉及的所有环节和所有的角色，以及各个角色分别需要做什么、怎么做、做到什么程度等全部展现在参与者的面前，这种视觉效果会让项目团队成员印象深刻，变革更容易取得共识。尤其还可以展现优化前后的绩效变化，当流程优化的价值显性化后，变革的赞助人也会更坚定地支持变革工作。

流程优化的过程就是培养企业潜在管理人员的过程。所有流程变革参与者的流程意识、变革意识都会随着变革工作的逐步深入而越发增强。所以，流程变革产生的价值，不仅仅是优化项目本身的成果，最重要的是通过变革项目让参与者的思维模式发生根本性的变化，对企业文化产生正向影响。

第四节　新流程的测试验证

新流程就如新产品一样，在全面推行之前，需要进行测试验证。新流程设计的时候，可能在某些环节考虑不够充分，或者和真实的业务场景不适配，通过测试验证可以暴露这些问题。所以，新流程设计完成后，变革项目组会成立试点小组进行新流程的试点验证。在验证过程中不断收集更改意见，完善新流程，为全面推行新流程做好充足的准备。因此，做好试点策划工作非常关键。新流程测试存在很多方面的风险，如试点小组成员能否全心全意地投入验证试点工作，相关资源是否可以及时匹配及响应，试点人员对于新流程是否完全掌握，试点涉及的业务单元领导对于试点工作是否完全支持……如果对于这些风险不能及时发现、及时处理、及时规避，很容易对项目的正常进行造成影响，甚至导致项目延期。

华为的 IPD 流程变革项目选择了 4 个试点项目进行流程试运行工作。考虑到 IPD 项目周期比较长，当时的试点策略是：部分流程设计完后就先开始试运行工作，及时发现问题并完善流程。

在试运行工作开始之前，要选择好试点验证的参与人员，并且对其进行充分的培训宣导工作，让参与者理解流程优化的启动缘由、优化方案、优化效果、流程文档；同时，也要让参与者认识到流程中哪些环节是关键活动、关键控制点，这些都是要在试运行过程中重点关注的问题。

新流程的培训与宣传都要纳入到试点实施计划当中，并且全部工作都要按照实施计划进行。在此过程中，变革项目组要时刻与试点小组保持沟通，建立相应的反馈机制，变革项目组要及时了解试点运行的情况。针对关键的反馈信息，变革项目组要以最快时间响应并提出相应解决办法。除即时的信息反馈外，例会是最直接的交流渠道，例会的内容应包含信息的传递及对于计划的审视、资源的审视等。例会的目的是确保试点工作顺利进行，发现风险与问题并及时解决。

在设计未来流程的时候，虽然已经将流程的接口关系作为流程的设计要素考虑进去。但是，因为参与者的数量还是有限的，各部门对于流程的要求是否都已经满足，以及对于整个流程的设计是否能在各个角色之间顺利的执行等问题都有待考察。所以，在未来流程设计结束后，需要以统一渠道、统一要求收集各类更改意见，让变革项目组成员与干系人共同对更改意见做出决策并纳入到完善计划当中。

一个成功的项目经理会建立一个平台，要求项目组成员寻找最佳的方法来验证未来流程，在推行流程之前有效地鼓舞员工对流程进行完善。一旦发现完善方法，就在第一时间与变革项目团队取得联系。在流程完善过程中，相关干系人都应该参与其中。

如果试运行引发流程变更，需要进行再次验证。这样一来，能够保证真正全面实施流程的时候，流程是稳定的，并不会因为其中一个环节的细微改变导致该环节与其他环节格格不入，也不会造成各个环节互相脱轨的情况发生。

试点验证还有另外一种方式，就是流程干跑演练。华为 IPD 流程在试点前进行过这个环节，针对复杂度高的流程优化项目，进行流程干跑演练是十分有必要的。

以 IPD 为例，进行流程干跑演练有几大价值：第一，演练过程覆盖了概念确定、计划、开发、验证、发布各阶段的工作，参与人员可以在短时间内全程参与流程当中；第二，演练过程中，可以充分理解 IPD 的核心理念和价值；第三，可以判断新流程是否可以解决现实的痛点问题，是否可以提高工作效率；第四，判断流程相关文件是否有指导性，模板表单是否实用。

对于周期长、涉及领域多、需要频繁地跨部门协同、对业务影响很直接的流程而言，验证周期非常漫长。一旦出现问题，很容易导致试点项目失败。所以，正式试点之前进行流程干跑演练就变得尤为重要，也必不可少。

一个典型的流程干跑演练要包含计划、组织、实施、总结 4 个阶段。在计划阶段，变革团队负责设计流程干跑演练的详细计划，包括流程干跑演练的流程、实施的范围、参与的人员和分工、具体的实施时间等。在组织阶段，变革团队要通知计划中涉及的部门和人员。实施阶段包括培训、实战和互动 3 个方面的工作。在培训中，要围绕流程思想和流程的运作方式，结合流程干跑演练剧本，不断深入地对流程进行讲解。在实战中，要通过模拟流程的实际运行方式、交付件的编制等，让参与者获得接近真实的体验。在互动环节中，让大家参与到模拟的实际流程中，通过互动调研、角色扮演等形式，结合大家亲自演练和讲师深入的点评，提升大家的理解程度。

新流程验证过程就是全面推行流程实施前的最后一道防线，一定要找到新流程在实际业务运行中存在的问题，流程优化的最终目标还是业务得到改善。

第八章

控制流程变革的风险

导读

第一节 流程变革面临的挑战

我发现这几年有个普遍的现象，很多企业都在对标和学习，部分的企业家会带队到标杆企业参观和交流。回去以后，大家都非常激动，因为通过对标提升了企业的格局和视野，激发了变革的欲望。所以，这些企业通常都会启动各种类型的管理变革项目。但是，实施一到两年以后发现：没有取得预期的成效。我记得有一家公司的总裁带着困惑问过我一个问题：国内除了华为还有哪家企业做 IPD（集成产品开发）项目成功了？因为之前他们实施过 IPD 项目，但并没有感受到研发绩效的变化。

麦肯锡的调查结果显示：全球管理变革项目的成功率只有 30%。另有资料显示：国际上流程再造的成功率也仅有 30%。为什么变革的成功率这么低？企业应该如何控制变革的风险，提升变革的成功率？

杰成合力科技对标了全球流程变革的最佳实践，并且结合在国内流程管理领域的研究和实践，提炼出影响流程变革成败的五大关键因素，如下所述。

关键因素一：变革的认知。

当一个企业启动变革时，如果缺乏变革的共识，那么，变革就不会有群众基础，也就是缺乏变革准备度。变革很容易变成一小群人的产物，后续也很难推行。

关键因素二：变革的信心。

所有的流程变革都会跨部门、跨组织，变革团队要面临各个利益干系人的习惯和本位主义的阻力，这会带来压力和挑战。另外，对变革预期结果的不确定性，也会放大变革的畏难情绪。有些企业的变革历史不好。因为过去在项目上投了不少资源，但没有达到预期效果，因此企业内部对新一轮的变革通常持怀疑态度，领导们也会小心翼翼。

关键因素三：变革的策略。

如果缺乏变革策略，就会放大变革的风险。处于不同发展阶段的企业，内部变革的环境、资源、能力和配套的机制都存在很大差异，所以需要更灵活的变革策略来控制变革风险。如果变革过于激进，就会产生强大的阻力，甚至造成企业混乱的局面，最终导致变革失败。所以，企业应当制订变革策略，以此来应对变革风险。

关键因素四：变革的能力。

如果缺乏变革的方法和工具，就不会有高质量的方案和好的落地效果——组织需要进行变革赋能。有些企业把流程开发看得过于简单，以为几个人将流程文件编制一下，大家会签后发布即可。结果，执行后发现没有任何效果。有的企业家问我：能不能花几个月时间把我们公司的流程都建设好？这说明大家缺乏对流程的认知，低估了流程建设的难度和复杂性。

关键因素五：变革的机制。

假如缺乏变革机制，变革就不会有持续性，很容易变成运动式变革。一个企业的变革需要有变革责任的分解、变革资源的保障、变革流程的建立及相配套的变革激励机制的构建。

第二节 “松土”：统一变革的认知

管理层的格局和视野决定了企业的变革空间。高层管理者们通常深陷业务之中，没有精力关注中长期的变革投入。还有，高层管理者们的流程意识差异较大，后续的沟通成本会比较高。所以，“松土”的主要对象是企业的管理层（尤其是高层管理者），也是流程变革的赞助人群体。

我们前文讲过，变革赞助人是指变革的投资人，可以是企业的最高领导，也可以是某个领域的领导，或者是变革指导委员会成员，这取决于企业规模、变革项目等级、企业领导风格。

变革赞助人在企业里有很大的影响力，可以为变革调动资源，为变革保驾护航。

华为的流程变革，早期阶段的 IPD 及 ISC 变革项目，任正非是最核心的变革赞助人，变革指导委员会的高层管理者们也都是变革项目赞助人。但是，不是所有的企业都有华为的高层管理者们的变革意识和变革认知。因此，变革发起人需要对变革赞助人施加影响，以提升、开阔其变革的格局和视野。

影响变革赞助人可以从 3 个方面进行：①产生共鸣；②形成变革共识；③管理变革期望。另外，还要打消变革赞助人对变革风险的担忧。毕竟，所有的变革都会改变现状，高层管理者们会担心变革影响短期收益，职业经理人尤其更担心这一点。

产生共鸣和共识，可以从企业管理层沟通和培训开始。可以借助外力，邀请咨询机构帮助“松土”。

杰成合力科技在过去的10年中为国内很多行业的优秀企业提供了“松土”培训，推动了流程意识和变革意识的普及，提升了企业的变革准备度。

我给很多企业管理层培训前，会建议企业“一把手”参加。有的企业的培训组织者向我保证：领导有空闲时间一定会让他参加。我说：务必要参加，没空闲时间，我们可以另择时间“松土”。因为流程变革不仅会改变中基层管理者及员工的习惯，同样也会改变高层管理者的习惯和领导风格。

企业管理层的“松土”培训可以包括以下几个主题。

1. 流程管理对企业的战略价值。

2. 企业粗放式发展面临的挑战和困境。

3. 企业管理变革的方向——打造流程化组织。

4. 打造流程化组织的变革路径。

5. 构建卓越流程体系。

6. 战略驱动的流程变革。

7. 流程治理机制最佳实践。

我们要将“松土”培训作为流程变革中需要持续进行的一类活动一以贯之。企业的管理人员每年都在变化，如果一些新上任的没有经过“松土”这个环节，则会让前期的变革停顿、成果流失。

第三节　快赢：强化变革的信心

我们在前文讲过，快赢是一种变革策略，目的是在最短的时间内取得变革成效，让组织中的成员了解到流程优化带来的收益，增强变革的认同感，以减少后期变革的阻力。

通常，我们会选择支撑类的流程作为快赢流程，如和人、财、物有关的流程，因为这些职能领域往往是效率低下的重灾区，一旦优化后，大家可以立刻感受到变革前后的变化，这样的流程优化可以得到更广泛的群体支持。另外，从变革能力的角度看，变革应遵循先易后难的原则。选择快赢，会让参与变革的人员更容易取得成果，有获得感而不是挫败感，毕竟在变革的初期做成几件事情对建立变革信心是非常关键的。

杰成合力科技在辅导企业做流程建设时，既会考虑变革的顶层设计，同时也会启动一些痛点驱动的快赢项目。我们选择快赢流程有 3 条原则，如下所述。

原则一：变革难度低。

因为要在短时间内见效，所以需要控制好目标流程的业务范围和组织范围。通常，我们不会选择 L1 级别或 L2 级别的流程作为快赢项目，因为这些流程涉及的组织范围和业务范围都比较宽，需要投入的资源比较多，变革的难度和阻力相对会比较大一些。所以，我们通常会选择 L3 级别或 L4 级别的流程作为快赢主题项目。

原则二：痛点明显，优化的方向明确。

选择快赢项目的时候，我们会去关注业务痛点明显的流程，如流程周期长、内外部客户满意度低的流程，或者是经常返工造成损失和浪费的流程。因为痛点明显，优化后的效果也会比较明显，也便于后期推广宣传。

原则三：感知的人群广。

快赢的主要目的是为了宣传。尤其在变革的初期，宣传的价值要大于快赢项目本身的价值。所以，我们选择快赢主题项目的时候，就想清楚这个流程优化后组织内部的人员能否感知到的问题。感知的人群广不广，是我们选择快赢项目的一个重要原则。比如，某家企业优化了员工出差申请流程，优化前审批工作很复杂。员工有时出差任务急，留给他们的准备时间非常短。出差申请报批时间长，容易耽误业务。通过对出差的审批节点进行大幅度精简，同时细分不同的出差场景，让流程变得更灵活。这样一来，所有出差的员工都能感受到流程优化前后的对比的明显差异。还有，员工差旅费报销周期长，影响员工参与业务活动的积极性。只要参加活动，就会垫资，产生费用。如果报销流程从过去的一两个月缩短到一两天走完，那么，所有的员工都能感受到流程变革带来的好处，也会支持企业做更大范围的、更有深度的变革。

其实，我们实施一个流程优化项目，不管是高阶的流程还是末端的流程，优化的路径和逻辑都是相通的。通过流程优化项目的实施，就掌握了流程优化的逻辑和方法。这样可以进一步强化变革的能力，逐步形成跨领域的变革能力，从而强化大家的流程变革信心。

几十年的实践下来，我们认识到“打胜仗”很重要。过去，我们很多时候变革的挫败感很强，因为大家启动了一些大型的、重量级的变革项目，实施过程困难重重，做到最后大家都没有信心了。快赢的好处是什么？短期见效，可以提升变革信心。

第四节　策略：控制变革的节奏

企业在不同的发展阶段及不同的变革准备度下有着不同的变革策略。所以，我们要评估一下企业当前处于什么发展阶段。比如，成长期的企业和成熟期的企业的变革策略就不一样。

对于从创业期步入成长期的企业而言，首先面临的是管理模式转型的问题，从过去依赖企业家精神和个人英雄主义到培育组织的能力，那么，首先需要解决流程从无到有的问题。这个阶段要培育整个企业的流程遵从意识。也许我们的流程不是最佳的，但我们可以先遵从，然后再去持续优化。

对于上了规模的成熟企业而言，最大的问题和挑战就是大公司病。这些企业的通病是对市场需求反应慢、交付效率低，以及运营成本高。所以，需要通过一系列的流程优化和再造来解决流程臃肿、碎片化、协同断点多等问题。

因此，企业在不同的发展阶段，其流程变革策略是不一样的。

还有一个企业普遍关心的问题：变革应该自上而下，还是自下而上呢？这主要取决于企业变革的准备度和变革的环境。

如果企业变革准备度比较低，实施重量级的变革项目，风险是很大的。我们在很多企业里都看到类似的变革失败案例。过去没有任何的变革历史，末端的流程也做得很少，突然上了一个重量级的 LTC（从线索到回款）变革项目，结果推行起来困难重重，大家不愿意改变习惯，最后不了了之。所以，变革要采用灵活的策略。当变革准备度比较低的时候，可以采取自下而上的变革，可以从点到线再到面的逐步推广。如果变革准备度比较高，那我们完全可以自上而下统筹规划变革项目并分步实施。因为这样做的话，变革收益会更高，也可以少走些弯路，避免自下而上变革造成的局部最优而不是整体最优的风险。

我发现很多企业实施过局部的变革活动，比如说引入六西格玛，或者推行过精益管理，但多数都是问题解决型的变革活动，相对而言偏碎片化，多数是在制造环节优化流程。如果从端到端的业务流程角度来看，企业整体的能力并没有得到系统性提升。

还有人说，我们公司的变革准备度不高也不低，怎么办呢？那么，变革可以采取从中往下的策略。可以选择变革准备度相对较高的一些局部领域来开展变革活动。比如，我们发现某一个业务领域，或者某一个事业部，或者某一个区域的领导很重视流程，就可以从这一点切入，进行系统性的流程建设。通过局部的统筹规划变革项目并分步实施。在这方面，烽火通信科技股份有限公司（以下简称烽火通信）就做得非常好，他们 10 年前就启动了流程管理，推动公司流程建设。杰成合力科技为烽火通信提供了流程管理的赋能，包括导入 EPROS 流程管理平台，以及实施一系列的流程管理培训。当时，我们就是先从采购领域切入开展流程变革的。因为采购领域的流程相对比较稳定，采购系统的领导也比较重视流程，所以当时进行了系统性的采购流程体系的建设，推动了流程的显性化、集成化、标准化和模板化。采用专业的 EPROS 流程设计器作为流程规划和设计工具，确保了流程语言的一致性，实现了流程的集成；并且，建设成果都统一发布到 EPROS 流程管理平台进行宣贯和持续优化工作，形成了烽火通信的流程资产。后来，采购系统通过流程优化获得了巨大的收益，向烽火通信的高层管理者汇报成果时得到了充分的肯定。然后，烽火通信其他业务领域也主动要求建立流程体系，请求烽火通信的流程管理部门进行赋能和支持。目前，烽火通信已经建立了企业级别的流程体系，并且形成了比较完善的流程变革管理机制。

流程变革还有一个策略，需要遵循先易后难的原则。

关于流程优化，华为的任正非有两个比较重要的观点，我们分享如下。

第一，“先僵化，再优化，再固化”。这里的僵化不是贬义词，而是指一个企业要培养对流程的尊重的文化氛围。现在，好多企业内好多人破坏流程的频率很高，尤其是管理层。所以，我们首先要培育大家对流程的尊重感。流程和执行的“两张皮”现象是很严重的。虽然企业发布了很多流程，但大家经常都不按流程执行。一个原因可能是流程没有设计好，太烦琐，逼着大家破坏流程；还有一个原因就是大家没有养成尊重流程的习惯，随意惯了。所以，我们首先需要培养组织的流程意识。先解决流程到从无到有的问题，再通过持续的优化来提升流程的质量。比如，华为的流程，一般每隔两年都要做大的版本升级工作。华为的 IPD 流程，一开始也不是完美的，从 1.0 版本到 11.0 版本，很多人参与、投入，不断迭代，持续优化，才使得流程越来越好。因为公司的战略和商业环境在不断变化，对应的流程版本也需要持续优化。

第二，“小改进，大奖励；大建议，只鼓励”。如果变革搞“休克疗法”，对业务的破坏性是很大的，所以要采取渐进式的变革策略，先从容易的地方开始优化，逐步扩大变革成果，让整个企业的人产生信心，让更多的人愿意参与变革活动，为后期的推行实施打下基础。所以，企业的流程变革是个长周期的持续行为，我们要把整个变革看成一个过程，而不仅仅是一个结果。所以，我们要控制好变革的节奏，管理好企业的变革期望。

第五节　赋能：培养企业管理者的流程变革能力

企业的流程变革，除了具备理念上的共识和灵活的变革策略以外，还需要进行变革的赋能。

杰成合力科技的使命就是为国内的企业提供流程变革赋能，推进流程化组织建设。

企业的流程变革能力需要从以下 5 个方面构建。

1. 流程建设的规划能力。

2. 流程建设能力。

3. 流程宣贯和监控能力。

4. 流程优化项目的运作能力。

5. 变革管理能力。

我们首先来看流程建设规划的能力。PO 需要有系统性思维，懂得如何构建适配业务的流程架构，规划本领域的流程清单，将业务能力组件化，以支撑业务目标达成。

流程架构的规划需要专业的方法，PO 要掌握这方面的知识和技能，还要通过对标最佳实践，不断提升流程架构的质量。关于流程架构规划的方法在本书前文有详细的介绍，这里不再赘述。

流程建设需要匹配企业的战略，在做年度战略解码时要进行运营绩效差距分析。沿着流程架构，找到痛点和变革的机会点，规划下一年度的变革任务。这就需要企业管理者有战略解码和流程变革规划的能力。

再看流程建设的能力。目前，大多数上规模的企业都已经编写了流程文件，并且数量还不少。但是，我们发现：流程设计的质量并不好，没有反映业务的本质，没有体现绩效导向，几乎所有的流程都没有绩效目标，所以没有办法去评估流程的有效性。

我们来看一下标杆企业是如何开发流程的。

华为会把流程当成产品来开发，所以，流程开发的流程和 IPD 流程框架是一样的。因为流程也是要批量运行的，就如我们的产品上市以后要批量销售一样。

所有 PO 和流程建设人员，需要知道如何进行流程开发的需求分析，形成流程设计规格要求；知道如何设计流程方案，以适配开发需求；知道如何开发整套的流程文档；知道如何进行集成验证和测试发布工作。

设计流程需要有工匠精神，要将流程做成精品，否则就无法赋能员工。所以，参与流程设计的人员不光要有业务专家，还得有流程专家。流程专家要为流程建设团队进行赋能。

接下来，我们分享一个案例。

我在华为担任流程管理部总监期间，公司每年要启动五六十个跨部门的流程优化项目。每个项目都会投入不少资源，以确保项目质量。比如，我们优化客户接待流程，项目组配置了 16 个人，有业务领导、业务专家，也有公司流程管理部派去的流程专家。当时，我们花了 3 个多月的时间，从接待需求、接待场景、接待策划和准备、接待实施和接待总结等几个方面做了系统性的优化，将经验和教训固化到接待流程模板中。当时，任正非对这个项目非常重视，听取了 3 次汇报。后来，接待流程成了华为流程优化的一个典范。所有参加过流程优化的人员，都知道如何开发一个高质量的流程。当这些人员再继续参与其他的流程建设，就能输出更多的、高质量的流程。

流程发布以后，就需要进行流程宣贯工作。

企业管理者要懂得如何分享和沟通，既要有总结能力，也要有宣讲能力。比如，我们曾优化了订单交付流程，当时组织了推行小组到所有的办事处进行宣贯，确保大家正确理解；还组织了考试，考试不及格人员得参加补考。所以，通过宣贯帮助流程执行者理解流程是非常重要的。比如，新员工上岗之前首先要经过流程的培训，这样就会有职业化的意识、尊重流程的意识。

企业领导的宣贯就是在普及流程意识、培育流程文化。比如，华为IPD 变革项目输出阶段成果和最终成果后，公司的副总裁们会在各自管辖的业务领域对各层级管理者宣讲；然后，各层级管理者再给本部门的员工宣讲。

流程实施后，还需要监控流程的遵从性和有效性。

企业管理者要有走动管理的习惯，到流程中的各个环节看看，听听一线员工的声音。对流程的关键点要组织资源进行评估，一方面看执行效果；另一方面也可以发现流程不合理的地方，进行流程修正和完善。所以，负责流程推行实施和流程监控的管理者和专业人员，都要掌握流程遵从性测试、流程审计的理念和方法，

流程变革是团队行为，需要以项目的方式进行。流程建设团队需要懂得如何策划项目、如何制订和实施项目计划、如何识别利益干系人、如何有效组织流程优化工作坊、如何组织流程优化成果汇报工作、如何进行流程推进工作等。所以，需要对所有参与流程优化项目的人员进行培训，以支持达成优化目标。

负责流程建设的企业管理者还需要有变革管理的能力。

当企业实施流程变革的时候，必然会对组织产生冲击。因为任何的流程变化都会改变人员的习惯，挑战本位主义和权力系统。假如整个变革过程只关注方案本身，不和各利益干系人沟通，那么，变革一定会有很大的阻力。所以，我们需要有变革管理的能力，通过变革管理，解决人的问题，以降低变革的阻力、控制整个变革的风险。

第六节　机制：将变革和企业管理者的利益挂钩

首先，我们要明确管理者的流程变革责任。

现在，很多企业都有这样一个现象：大家觉得流程是流程管理部门的事情。既然企业都设立了流程管理部门、变革管理部门，为什么还需要其他人承担流程责任呢？企业直接把流程规划好，大家执行不就行了吗？

有一次，我参加一家企业的流程建设汇报会，在讲台上汇报工作的是这家企业的流程管理部总监。他在汇报会上呈现了该企业各个领域的流程痛点问题，也提出了一些优化的建议。我观察到那些业务部门总监的脸色都不好，因为他们觉得流程管理部总监在挑他们的毛病。其中，有一位业务部门总监现场挑战流程管理部总监：你这个方案里面呈现的有些问题和我们的实际情况不怎么吻合，要不会后你再派人到我们这里调研一下，给出更有针对性的方案。

流程建设汇报会结束以后，我对该企业的总裁说：下次再开流程建设汇报会，上台汇报的不应该是流程管理部总监，应该是各个业务部门的总监。既然你管这项业务，你当然得对这个流程的建设负第一责任。谁在讲台上汇报谁就是真正的责任者，在下面听汇报的永远是变革的旁观者和评论者。

变革是对未来的投入，是修炼内功的行为。目前，很多企业的管理者缺乏变革的驱动力，是因为不管做不做变革，对他们的绩效都没什么影响；并且，变革还占用了他们当下的时间成本，做不好还会产生风险，影响他们的职位。我们需要从利益上解决变革的动力问题。要将变革的责任纳入企业管理者的绩效及任职资格要求，企业要提拔既能“打胜仗”、又能建体系培养人的管理者。本书的第九章会进一步阐述变革的激励机制问题。

第九章

流程管理最佳实践——机制与工具

导读

第一节　流程管理的组织保障

流程变革的组织中有 4 个关键角色：流程变革委员会、变革项目管理办公室（Project Management Office，简称 PMO）、流程所有者（Process Owner，简称 PO）和流程管家（Process Controller，简称 PC）。

流程变革委员会的职责是为变革输入战略方向、审批企业的流程架构、任命各级 PO、审批变革的规划和资源的预算、为变革提供过程的支持、验收变革的成果等。

PMO 是流程变革委员会的执行秘书机构，可以放在流程管理部门，要建立并维护整个企业的流程管理组织体系，推动各级 PO 履行流程变革的责任。

PMO 要关注各级 PO 有没有年度的流程建设计划，有没有对痛点流程实施绩效改进；同时，为各级 PO 提供赋能支持，包括提供流程建设方法论、作为流程专家参与各个领域的流程建设项目等。

PO 是流程变革最核心的角色，是流程建设的第一责任人。各级 PO 由各级业务管理者担任，负责以下的工作：①流程架构规划，规划本业务领域流程架构并依据战略及业务调整及时地调整流程架构；②流程建设及宣贯，组织资源进行流程设计，设置流程绩效的指标及目标，组织流程培训及宣贯工作；③流程运营管理，定期度量绩效指标，实施流程遵从性自查工作，持续进行流程优化工作。

企业流程管理部门需要对各级 PO 赋能，因为大多数 PO 没有完全理解 PO 工作的价值，过去也没有做过这个角色，当 PO 对他们来说是个挑战。赋能可以联合咨询机构一起完成，以保证赋能的效果；同时，也可以培养内部的流程专家。

还有一个关键角色是 PC。PC 的职责是协助 PO 做好内部的流程建设，与企业的流程管理部门对接。由于 PO 都是部门的“一把手”，是“打粮食”的人，很可能经常被业务“绑架”，所以需要有个 PC 的角色协助推动本领域的流程建设。

PC 可以理解为流程的管家，有些企业称之为流程代表或流程专员。PC 需要懂业务并有一定的流程管理专业能力，才能协助 PO 来履职。我们要选择合适的 PC，同时对 PC 赋能。

下面，我们来分享一下华为的流程管理组织。

华为的 GPO（Global Process Owner，简称 GPO，全球流程所有者）是全球流程所有者，确保所负责的一级流程在全球统一实施并推动流程的持续变革。BPO（Business Process Owner，简称 BPO，业务流程所有者）是业务流程所有者，负责各个 L2 级别的流程建设。华为的“狼狈文化”在此得以体现：业务部门的“一把手”就是“狼”，负责“打粮食”，通常很忙，因此需要有“狈”来辅助他做内部的体系化建设，PC 就是辅助流程建设的“狈”。PC 协助 GPO 和 BPO 进行流程建设与运营工作。

末端流程也需要对应的组织来负责。流程架构顶层要共享，末端要灵活。因为不同地区、业务单元或产品线流程可能存在差异。比如，华为每个区域、业务单元和产品线也设有 PO，以便及时地调整和丰富末端流程，确保流程执行的有效性。

不同规模的企业，在流程变革的组织搭建和资源匹配上会有较大的区别，流程变革的角色可以整合或裁减，但流程变革的角色承担的流程变革主要职责需要保留。

随着企业规模变大，流程变革的职责需要下沉，“要将支部建到连队上”，发动全员参与变革，驱动企业向流程化组织转型。

第二节　流程管理的流程

流程管理的核心是持续改进。但是，当前许多企业的流程管理工作大多呈现运动式、碎片化的现象，缺乏流程全生命周期管理，无法支撑流程落地和持续优化。因此，需要导入流程管理体系，构建流程管理长效机制。流程管理体系是借鉴业界领先实践和总结自身流程运作管理经验，建立的一套流程管理规则和制度。

流程管理体系有如下所述的 4 个价值。

1. 通过明确“管理流程的流程”，有序地管理业务流程，避免流程碎片化。

2. 构建与战略匹配的业务能力，这是流程管理最主要的目的。流程要与战略适配，通过流程建设、流程优化确保企业的业务能力能支撑战略的有效执行。

3. 提升流程的运作效率。企业流程总体运作效率不高，背后有文化和价值观的因素，但根因是缺乏持续的流程管理。

4. 持续降低流程运作的成本。企业每个流程都需要消耗人、财、物的资源，假如设计和配置不合理，将带来组织资源的长期浪费。因此，通过持续流程优化和流程遵从管理，可以持续降低流程运作成本。

企业实施流程管理需要有相应的能力支撑。图 9–1 所示的流程变革三大支柱构成企业流程管理的能力——构建流程管理的流程、建立流程管理的组织及构建流程管理的 IT 平台。假如我们缺失流程管理能力，推行流程变革会很乏力。本节着重讲述流程管理的流程，流程管理组织建设详见本章第一节，流程管理 IT 平台的构建详见本章第三节。

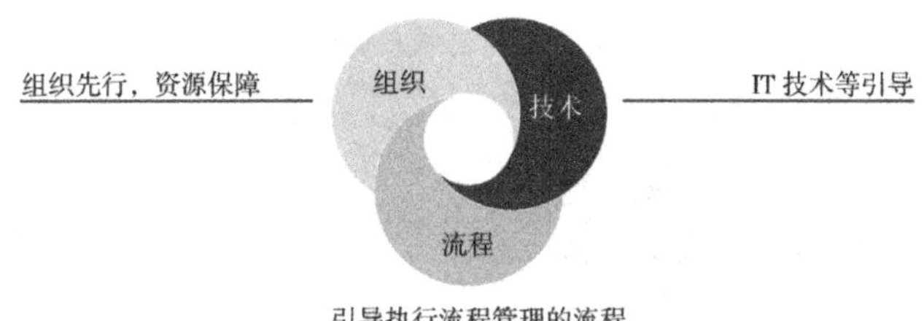

图 9-1　流程变革三大支柱：流程、组织、IT

首先，我们需要描述流程管理的流程架构，图 9-2 所示的是一个最佳实践案例。

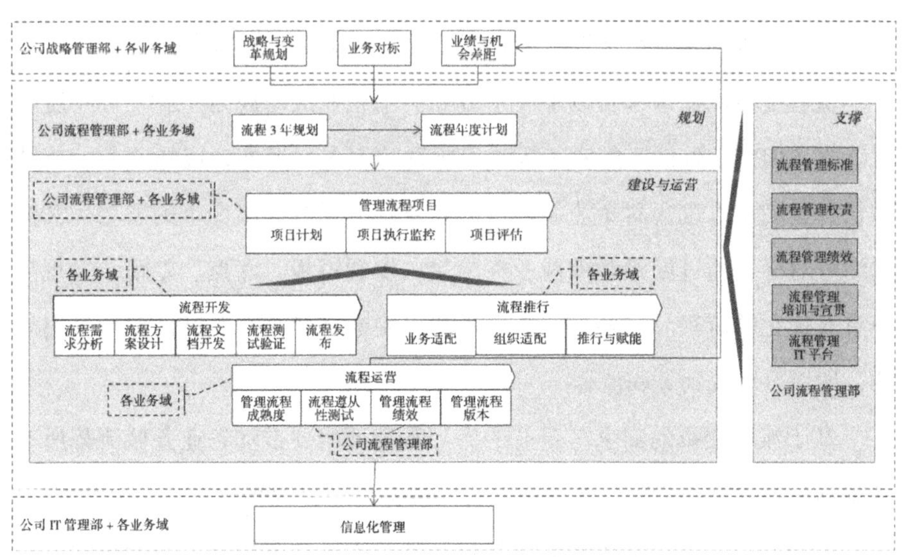

图 9-2　流程管理的流程框架

有些企业把流程的工作看得比较简单，以为流程设计就是画流程图，以及编写流程文件，然后发布、会签，工作就结束了。其实，从流程管理的全生命周期（见图 9–3）来看，流程管理的例行化工作包括了流程规划、流程建设、流程宣贯与赋能、流程运营等，通过这种运作模式，可以实现流程管理的目标和价值。

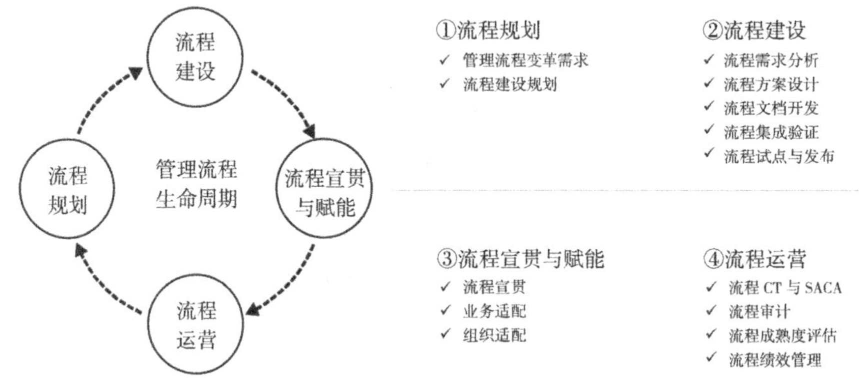

图 9–3　流程管理的全生命周期

1. 流程规划。流程规划包括管理流程变革需求及流程建设规划。

流程变革的需求来自以下 3 个方面。①企业战略规划（SP）和年度经营计划（BP）。新业务会带来新流程建设的需求；另外，成熟业务的持续增长和盈利要求也会对企业各领域的运营能力提升提出变革的需求。②流程绩效对标，通过回顾和审视业务绩效，发现短板、痛点、差距，发现需要重点优化的流程。③各类重复发生的风险通常是流程关键活动缺失引发的，所以可以找到关联流程。

基于流程变革的需求，企业的流程管理部门要推动各业务域流程所有者制订流程变革的举措，形成年度的流程变革项目规划。

一般而言，需要变革的流程数量有限，大多数流程需要做的是版本管理。当内外部环境发生变化时，流程要及时更新。所以，要对流程做版本更新计划，定期更新流程，这样可以使得流程建设的工作常态化。有计划地驱动流程建设，提前做好资源储备，发动更多人员参与流程建设，而不是把流程建设仅仅当作事件触发型的工作对待——“遇到一个问题就开发一个流程”。

2. 流程建设。流程建设本身也需要流程。围绕每一个流程，我们需要成立项目组，按照一定的路径来做流程建设，通常包含如下步骤：流程需求分析、流程方案设计、流程文档开发、流程集成验证、流程试点与发布。

第一步，流程需求分析。首先要分析流程的开发需求，定义流程的客户及其他干系人，了解客户对流程的需求和期望，确保业务需求的定义清晰、完整，覆盖典型的业务场景；同时，也要考虑风险合规的需求。因此，在流程需求分析阶段，我们需要定义流程设计规格。

第二步，流程方案设计。首先需要还原流程现状。其实，流程天然存在，无非是没有显性化而已。通过还原流程现状，我们可以看到当前最真实的流程是怎么运作的，可以更准确地把握现状，输出差距分析的结果，输出潜在的流程优化举措。

第三步，流程文档开发。定义流程的文档包括流程图、流程文件和附件，文档开发需要遵循企业流程文件规范的要求。首先，需要配置流程文件要素，即流程文档的组成部分，从而统一整个企业的流程开发语言标准。其次，根据企业的流程文档标准，开发企业一系列的配套流程文档，包括流程文件，也包括支撑流程中各个活动的表单模板、作业指导书、检查表等。

第四步，流程集成验证。集成关系包括流程与流程之间的逻辑关系，组织架构与流程的适配关系，流程需要承载的合规、标准、风险控制等要求。

为什么要做集成验证？流程建设工作“牵一发而动全身”，调整一个流程可能会影响上下游流程。因此，在调整流程的过程中，验证流程和流程之间的集成关系、组织架构和流程的适配关系等都是非常必要且重要的工作。

一个流程的活动变动，对应的角色可能也会随之变化，相匹配的组织也会变化，岗位与角色的匹配也会变化。这时，如果我们把某些流程的角色裁掉或合并，就会影响组织里面的岗位及其职责。所以，我们需要做集成验证，确保开发的流程的每一个角色有明确的主体承担责任。

第五步，流程试点与发布。试点期间，根据试运行的效果做出优化，修正后再正式发布。

流程建设本身是个过程，它不是简单编写个流程文件就行了，它需要大家在一起研讨、分析。当流程发布以后，流程建设的工作其实还没有结束，就好比生下小孩以后还有呵护、抚养的责任。小孩刚生下来，还不会走路，更不用说能跑得好、跑得快了。

3. 流程宣贯与赋能。“流程变革，文化先行”，新流程将对企业中每一个人的思维方式和行为方式的改变提出要求，因此要做好新流程的宣贯和培训工作，用好企业内部文化建设的基础方法，如公开发布高层管理者讲话纪要、组织比赛、在企业内刊发布相关文章、组织培训和考试等，这都是常见的流程试点与发布期间需要做好的宣传工作。宣贯的效果会直接影响流程建设与推行的效果。

以前，我们在华为梳理完 ITR（从问题发生到解决）流程后，会制作考卷，让大家通过考试理解流程相关的要求，如问题的分类规则等。这就是宣贯的过程。宣贯也会涉及如何让员工最方便地获取最新版本的流程文件，降低学习流程的成本。关于这一点，我们会在本章下一节里进行进一步的阐述。

流程宣贯与赋能环节还有一个比较重要的工作是业务适配和组织适配。推动流程建设本身是一个流程变革的过程，在企业施行变革时，需要注意，流程不是孤立的，流程是业务与组织协同高效运作的桥梁。流程的有效执行，需要考虑与业务、组织的适配程度。

所谓业务适配就是要确保在流程里适配具体的业务场景。尤其对于业务比较复杂或组织规模比较大的企业而言更是如此，如有很多个办公地点或市场地域及不同的产品线、业务单元，就要考虑不同地域的差异化、客户群的差异化，在末端流程做些变动和调整以适配业务。同时，地域不同、规模不同，对应的组织架构也可能存在区别。同样的流程角色在不同的分公司里，匹配的岗位可能就不一样，为了避免重复编写流程文件，就需要做组织适配。

总而言之，流程宣贯与赋能需要适配业务和组织，确保流程的可操作性。

4. 流程运营。流程运营主要包含以下几项工作：流程遵从性测试、流程 SACA、流程审计、流程成熟度评估、流程绩效管理。

华为的任正非在“班长的战争”对华为的启示和挑战汇报会上表示：“班长的战争”不是“班长”一个人的战争，其核心是在组织和系统支持下实现任务式指挥的目标，是一种组织的整体性改变。当我们实现流程化管理以后，尽管有大量的权力被下放，但我们还是要对流程进行监控，看看大家有没有按流程去遵从、执行。

国内企业普遍存在的痛点就是有了流程，大家不遵从它。遵从性测试、流程审计等是监控流程执行的重要方式。

遵从性测试（Compliance Test，简称 CT）应按季度例行进行，业务单元对照 KCP（关键控制点）表对样本进行自检。

实现流程的价值产出需要控制关键风险点。它不仅仅是财务风险点，也包括业务风险点。我们要对流程 KCP 做遵从性测试，确保流程得到有效遵从。

半年度控制评估（Semi-Annual Control Assessment，简称 SACA）是指一年内春季、秋季各做一次评估工作。SACA 主要是流程所有者回顾半年内控工作的开展实际情况，通过打分的形式（0~5 分），分为极不满意、不满意、合格、满意、非常满意 5 个级别，用于分析流程存在哪些问题，它的风险有没有得到有效管理，从而减少因流程监控缺失导致的业务损失，降低业务风险。

另外，企业每年需要组织独立方的流程审计。华为每年都会在全球范围内做流程审计，独立于业务以外，但审计的标准一致，无论做 CT 或审计，都是透过“第三只眼睛”监督业务运作。

流程成熟度评估可以评价企业当前流程管理的能力现状，了解与其他标杆企业的差距，牵引变革。创业阶段，大多数企业的流程成熟度是非常低的，大多数企业的员工主要靠经验、个人英雄主义驱动业务。随着流程管理的推行实施，企业的流程成熟度可能会越来越高。

每年，我们都可以回顾、审视当前的水平，不断地询问：过去是 1.5 级别的流程成熟度，现在是否提升了成熟度，升级至 2.0 级别或 2.5 级别？

流程成熟度的主流评估模型包括了 APQC 的 BMM 和迈克尔·哈默的 PEMM。

流程运营还包括流程绩效管理。流程绩效管理包括绩效监控、绩效对标与分析、绩效改进。

一般而言，我们先对重要的、高频率的、高风险的流程进行绩效的监控。这需要有量化的数据基础，我们可以定义流程的指标，定期测评，与标杆企业做对标分析。一方面，可以确保流程按设定的目标要求有效运行；另一方面，通过内外部对标，持续实施绩效改进工作。比如，从接收到用户反馈产品故障的问题到最后解决问题的周期是多长时间？如果过去平均需要两天时间，那么，明年、后年能否优化到一天时间？

第三节　EPROS，将流程作为战略资产来管理

流程是金钱和教训换来的优秀实践，是不断积攒和持续经营的企业核心战略资产，如图 9–4 所示。一方面，流程不断有序地、系统地吸收好的业务经验与业界最佳实践，帮助业务有效、高效地运作；另一方面，流程管理是企业管理的基石。流程承载企业各类管控要求，风险控制、安全、质量、数据、组织发展的要求等都要通过流程表达出来。

流程再造之父迈克尔·哈默曾说："对于 21 世纪的企业来说，流程将非常关键。优秀的流程将使成功的企业与其他竞争者区分开来。"

将流程作为战略资产来管理，已经成了优秀企业的共识。

图 9–4　流程是企业的战略资产

1. 当前流程资产管理几大难汇总。

尽管越来越多的企业逐渐意识到流程资产化的重要性，但缺乏有效的软件工具平台来管理好流程资产。多数企业仍以 Visio 等工具来绘制流程图、用 Word 来编辑流程文档，流程文件偏碎片化，缺乏有效的集成。流程管理是一项需要组织协作的工作，缺乏有效的工具平台，将导致企业很难有序管理流程资产，通常会引发以下几大难问题。

①存放难。流程文件处于比较离散的状态，流程文件分散在制度、质量体系文件、风险控制体系文件、各部门内部的流程文件体系及个人电脑中。流程文件缺乏集成化、显性化、标准化。流程文件的分类和归属关系缺乏规则，流程图、说明文件、支撑附件都比较散，缺乏统一的管理平台。一旦某些关键人员离职，流程资产就流失了。

②更新难。流程需要根据业务的变化持续地更新优化，如何更新管理对企业来说是一个难点。有些企业在变革上非常舍得投入资源，花重金聘请国际知名咨询公司做项目，形成了厚厚的一本流程手册，几年过去后无人问津，再看的时候已经与现在的组织现状、业务现状不匹配，无法适用。另一方面，企业战略和组织结构调整，不知道会影响到哪些流程，维护的难度和工作量大。

③规范难。企业流程语言不统一。我见过不少企业各个部门的流程图、流程文件，格式五花八门，关键的设计要素缺失，影响流程设计质量。设计流程的工具也都不一样，Visio、PPT、Word、Excel 不一而足，这无形中就会增加很多沟通的成本。因此，企业需要统一流程建设的标准。

④执行难。经常有企业反映流程发布了员工却不执行的问题，这其实涉及两个问题，第一，流程设计是否科学，流程设计要素是否齐全，是否具备可执行性；第二，新发布流程的培训和宣贯工作是否做到位了。

⑤查询难。新员工上岗看不到自己工作的流程和模板，要到厚厚的制

度文件或流程文件里面去找自己的角色、活动、规则和标准，找到了可能还看不懂。流程的专业性和可用性不好，无法为员工赋能。

⑥履责难。流程建设的工作不能光靠流程管理部门，这个责任需要PO和PC共担。过去缺少流程工具平台，线下协调PO和PC的工作比较困难，尤其是跨地域办公的企业总部和分支机构之间，PO和PC难以形成协同的工作关系。

⑦融合难。企业没有实现多体系融合，企业在导入质量体系、风险控制体系、进行信息化建设时，都做了很多流程文档，存放了大量的文件，互不关联，重复建设。从本质上说，这些管理要素代表了不同角度的管理要求，但这些要求是面向同样的业务过程，因此要保证流程的唯一性，质量、合规、风险等管理要素不能脱离流程单独存在，不能体外运行。

种种现象说明现在的好多企业对流程缺乏有序的管理，考虑到流程体系建设的复杂性，需要一个工具平台作为抓手，把流程作为企业的战略资产进行有序的管理，以提升流程建设的质量和可持续性。这也是EPROS流程管理平台诞生的原因。

2. EPROS流程管理平台的缘起。

杰成合力科技自成立十几年来，一直为企业提供流程管理咨询服务，我们有两个感触：一是传统咨询服务投入大、周期长、对咨询顾问能力依赖性强，能够服务的企业始终有限，固然传统咨询有其不可替代性，我们还是希望能在一定程度上突破时间、空间和人的限制，服务更多国内企业；二是由于企业缺乏长效机制的牵引，咨询成果无法沉淀下来，转化成企业的组织能力，咨询顾问离场后，流程管理无法持续。我们希望有一个工具平台能够赋能企业，完成知识与能力的迁移，将流程管理工作例行化。

为解决上述问题，我们对标了全球流程管理的最佳实践并结合国内企业的流程成熟度现状，集结一批曾在华为和 IBM 负责流程管理和变革项目实施的资深专家，总结流程管理方法论及流程管理工作痛点，自主研发出中国第一套流程管理专业工具软件——EPROS（Enterprise Process System）。2019 年是 EPROS 诞生 10 周年。

EPROS 将流程治理的最佳实践融入 IT 平台中，将流程作为对象来管理，通过流程全生命周期管理，帮助企业有序管理流程体系，是流程建设的有效抓手。

3. EPROS 与众多行业龙头客户共成长。

EPROS 目前已成为国内主流的流程管理平台，为企业的流程管理持续赋能。众多行业的龙头企业都在使用 EPROS 平台，赋能流程管理，推动流程化组织建设。EPROS 平台用户包括海康威视、烽火通信、招商证券、华泰证券、福耀玻璃、万华化学、中车、顺丰、蒙牛、农夫山泉、东方航空、科大讯飞、长虹、绿城、越秀地产、金科地产、长江存储、立邦中国等知名企业。EPROS 平台覆盖 37 个行业，如通信、电子、金融、地产、生物、医药、航空、机械、化工、交通运输、食品、服装、新材料、企业服务、泛家居、教育科技和信息科技等，辐射 30 余个城市。

众多优秀企业的应用实施，不断推动 EPROS 平台功能的完善，促进 EPROS 升级迭代。希望未来 EPROS 平台可以为更多的国内企业的流程管理工作赋能，帮助国内的企业提升流程管理成熟度。这也是杰成合力科技的使命和价值所在，推动国内的企业转型为流程化组织。

EPROS 凭借实力也获得了行业的认可：2012—2020 年，连续 9 年获得了中国流程管理信息化领域的最高奖项。

4. EPROS 流程管理平台服务于企业各层级。

EPROS 是企业打造流程化组织的抓手，是流程规划、设计、发布、宣贯、持续优化的全生命周期管理平台，帮助企业实现流程的“优生优育”

目标。EPROS对企业各级人员来说，价值巨大，如下所述。

①对于企业管理层的价值。基于企业战略与商业模式，建立端到端的流程体系，系统梳理企业业务架构并帮助业务部门领导了解部门主要业务工作和流程。通过流程架构分解流程治理责任，确定各级PO，划分责任版图，避免责任盲区，避免“好地抢着种，荒地没人种”的情况发生。

缩小作战单元，“让前方听得见炮火的人指挥战争”，提升一线员工的综合“作战”能力，总部变成资源配置和支援的平台，这是华为组织变革的一个趋势。EPROS可以通过定义端到端流程负责人，通过流程规则的定义，实现责任前移和责任下移的目标，释放领导资源。

②对于流程管理部门及各领域流程管家的价值。基于EPROS流程管理平台，可以遵循流程管理的业界最佳实践，实现流程全生命周期管理，专业化、标准化、集成化、人性化、规范化设计流程，统一流程设计和优化的方法，统一流程设计标准，实现流程设计和优化的规范管理目标。

③对员工的价值。EPROS将流程可视化之后，员工可以明确自己在流程里的位置，以及和其他岗位协同的规则和方法。

通过EPROS，员工可以看到与自己岗位相关的、权限范围内的流程文件、模板及各类知识文档。新员工入职时可以更好、更快地开展工作。

5. EPROS的核心价值功能主要体现在以下6个方面。

①流程建设赋能。基于企业战略与商业模式，建立端到端的流程体系，实现流程可视化、集成化、标准化的目标。

企业流程架构展示企业价值创造的全过程，高层管理者关注L1、L2级别的流程，中层管理者关注L3、L4级别的流程，基层管理者关注L5、L6级别的活动和任务。

EPROS实现了流程分层分级目标，结构化、可视化地呈现企业流程全景地图，如图 9-5 所示。对高阶流程的关注，可以引导高层管理者对业务全局的洞察与思考；而末端流程活动和任务则集中反映基层管理者关注的业务执行力。

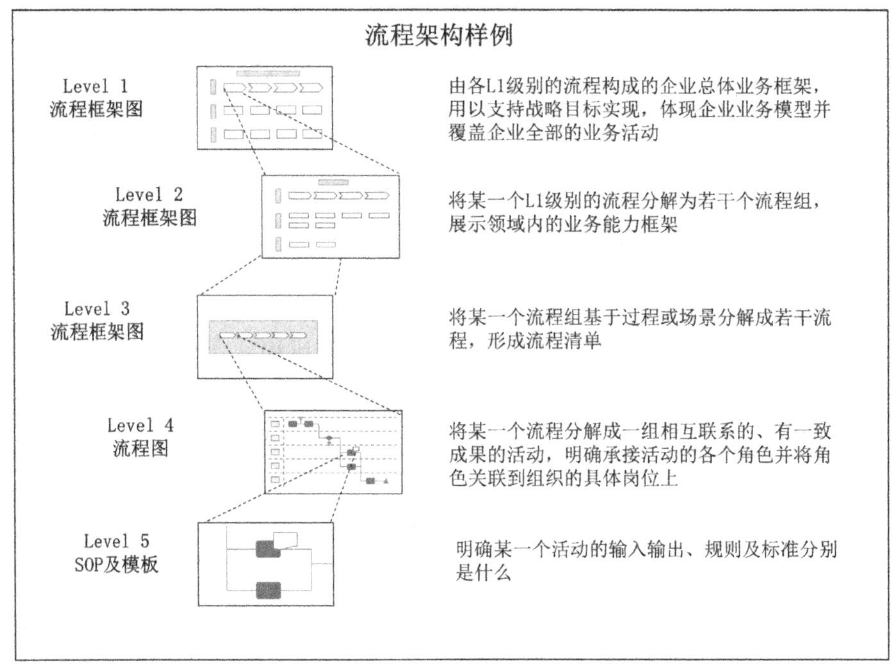

图 9-5 流程架构分层分级展现业务全貌

②统一流程语言，提供流程设计的方法和工具。基于 EPROS 流程管理平台，通过统一配置流程元素、流程说明文件模板，保证了流程图、流程说明文件等的一致性，促进企业流程建设的标准化。

EPROS 遵循国际流程设计标准，将流程建设的最佳实践固化到模板中，实现企业各层级流程设计与优化的规范管理。流程设计向导功能逐步引导流程设计者专业化地设计流程，使得设计过程更加严谨。EPROS 设计的模板中，流程架构图、架构卡、集成关系图、流程图、流程文件、表单、SOP 等都可以依据企业的管理需要进行要素的配置，实现标准化管理的目标。

③助力流程化组织建设。基于流程定义组织的职责和权限，实现组织与流程的适配。强化流程角色与组织岗位的关联性，流程角色责任到人，EPROS 可以自动生成岗位说明书中的职责。

设计某一个流程时，把角色和当前最准确的岗位信息匹配，确保流程中每个环节的工作责任主体明确。假如组织结构调整，流程可以联动调整并同步更新流程。

流程建设的工作需要流程管理部门、PO 和 PC 共担责任。通过 EPROS，流程管理员可以设置设计用户，分配设计权限和查阅权限，分解流程治理的责任，提高协作效率。不同的架构，不同的流程，分给不同领域的管理者 PO 和 PC 去负责。

④提供精准的岗位赋能。EPROS 可以让员工快速获取本岗位需要的流程、SOP 和模板等，将知识管理建立在流程的活动级别上，将隐性的最佳实践显性化、生动化，让员工更加职业化。

缺乏业务知识往往是企业新入职员工的短板，企业提供的培训一般是职业培训或企业文化培训。岗位培训一般依赖于“师傅带徒弟”的模式。这样存在一定的风险：一来，师傅可能很忙，无暇培训徒弟；二来，师傅本身如果不专业，带出来的徒弟也不专业。

华为的任正非曾提到流程模板化的重要性：“一个新员工，看懂模板，会按模板来开展工作，就已经国际化、职业化了。以现在新人的文化程度，3 个月就能掌握这些知识了。而这个模板是前人摸索几十年才摸索出来的，你不必再去摸索。各流程管理部门、合理化管理部门，要善于引导各类已经优化的、已经证实行之有效的工作模板化。清晰流程，重复运行的流程，工作一定要模板化。一项工作达到同样绩效，少用工，又少用时间，这才说明管理进步了。我们认为，抓住主要的模板建设，又使相关的模板的流程连接起来，才会使 IT 成为现实。在这个问题上，我们要加强建设。”

EPROS 可以为员工提供精确的流程导航，系统自动推送与其岗位相关的、在其权限范围内的流程文件及其他管理文档。员工可以看到自己在企业中参与了哪些流程，在流程中“扮演”或担当的角色及职责是什么，负责哪些活动的执行，以及执行活动的详细说明、模板和样例。这大大提升了员工上岗的效率及工作质量。

流程版本更新后，系统会自动以邮件的方式通知流程执行者，帮助员工更快熟悉、掌握业务，以流程为中心学习各项业务活动的知识点，了解与其他岗位的协作关系，查看表单、标准、制度等。

⑤基于流程的管理要素集成。企业在业务发展的不同阶段，会根据不同的管理需求（如风险管理、质量管理、安全管理、合规管理等）导入不同的管理体系。虽然都通过了各类体系认证，但常见现象是：整理出来的体系文件无法真正地落实并推行，各个管理体系相互割裂，有时候还可能互相矛盾，员工很难执行，管理要求无法落实。而企业导入管理体系都需要资金和资源的投入，这无形中便产生了管理的浪费。其实，这些管理体系的要求都代表了不同的管理要素和视角，应通过单独的一套体系来实现，融合到企业的整体业务流程运作体系中，作为流程管理的其中一部分加以要求，实现“一张皮”管理。因此，在业务流程梳理时，需要将各个管理体系（如法律、法规、质量、人力资源、财务、风险控制等）的标准和要求融入流程设计中，落实到工作中的每一个环节。

基于 EPROS 平台，可以将企业各个管理体系的要求与具体流程、活动或任务关联，实现多体系融合的目标。具体体现在：流程架构可以与顶层的纲领性文件进行关联，做业务域的宏观性说明；做某个流程的详细设计时，可以通过关联“相关制度 \ 相关标准”来涵盖体系的要求；还可以将管理体系具体的条款要求加载到某个流程的活动或模板中，真正实现精细化管理的目标。

流程与标准体系融合：EPROS 已将 ISO9000、ISO14000 等国家及国际标准体系条款化并内置到平台中，用户可以在建设流程时关联相应的标准条款并实现字段级别的精准匹配的目标。关联完成后，还可以查看标准被流程引用和落实的情况。

流程与制度融合：EPROS 支持企业管理制度文件的上传、更新、审批发布及制度版本文件管理，流程文件支持制度关联，并且可以自动生成制度对应流程的清单。

流程与风险融合：EPROS 支持建立结构化的风险库，流程设计人员在设计活动的时候可以识别相应的风险控制点，使流程承载风险控制的要求并自动输出风险矩阵清单。内控审计人员可以查看流程对应的风险控制点及审计标准，帮助企业完成风险评估工作。

⑥精细到活动级别的知识库。员工通过流程中的活动来创造价值。EPROS 基于活动进行精细化管理，承载了业务最佳实践。通过模板、检查表、业务规则的展现形式，固化了经验与教训。

EPROS 将知识库建立到了活动级别，承载各类管理活动的要求。所有活动相关的作业指导书、输入输出模板等全部嵌入流程图中，点击活动上的箭头标识即可直接打开相应的文档。

EPROS 平台的“文件管理库”中归档了所有流程的相关文档，包含作业指导书、输入输出模板等，一旦“文件管理库”中的流程文档有更新，嵌入了这些流程文档的流程将自动更新。

EPROS，流程变革例行化的利器，让变革的成本降到最低。企业变革切忌运动式变革，一个成功的变革离不开机制设计与维系机制的工具。EPROS 是一个助力流程变革例行化的平台。每当管理员在 EPROS 上发布一个流程，系统会定义有效期，自动生成版本计划。这个版本计划会自动提醒各个 PC 及时审视和优化流程，发布新的版本文件，加强流程工作的连续性，实现例行化管理目标。EPROS 平台还可以根据需要恢复到之前的任何一个版本文件，实现流程优化后的可追溯管理。

由于 EPROS 支持对企业各类管理要素进行对象化管理，流程文件与组织岗位、标准、制度等相关文档之间可以同步自动更新。当其中一个要素进行更新时，则流程文档涉及变更的部分可以同步更新，避免漏改、错改的现象发生，这可以降低流程的维护成本，保证内容的一致性，极大地提升了流程例行管理的便捷性，进而驱动组织变革。

EPROS 浏览端也可以与企业的办公门户网站集成，员工登录企业内部的办公门户网站，点击鼠标就可以进入流程管理系统，查阅企业最新版本的流程文件。

6. EPROS 应用实例：烽火通信（本部分内容节选自《流程管理与变革实践》）。

（1）EPROS 流程管理平台的选择。我们在前文曾提到过烽火通信，烽火通信是国务院国资委下属的一家上市公司，随着公司规模的不断扩大以及规范化管理需求的日益突出，烽火通信决定从 2009 年开始推行企业流程管理与变革。随着变革过程的推进，很多流程建设与管理相关的问题不断暴露出来，迫切需要有一个统一的流程管理 IT 平台作为企业流程建设与管理的载体和平台，实现流程设计、流程发布、流程展示与查询及流程优化管理等功能的规范与统一的目标，这也是烽火通信对流程管理 IT 平台的基本功能定位。

在确定了流程管理平台功能需求和定位的基础上，烽火通信通过各种渠道找到了多款业界领先流程管理平台的提供商，它们分别来自国内和欧洲及美国的专业公司。烽火通信对这些供应商的管理咨询背景及平台应用实践等方面进行了初步调查、分析和认证工作，并且邀请了部分公司到烽火通信进行平台介绍及管理思想和执行方案沟通的工作。在经过多次的沟通和了解后，烽火通信选择试用其中两家供应商的产品，欧洲某供应商提供的流程管理平台和国内的杰成合力科技提供的 EPROS 流程管理平台。经过一段时期的试用，烽火通信基本了解了这两个流程管理平台的不同特点和功能，在综合考虑两家公司的专业背景、系统功能、服务能力、商务条款等方面的基础上，重点结合烽火通信现状及未来可预期的流程建设需求，从实施落地的可行性角度出发对两家流程管理平台提供商进行了量化评分工作并输出了《试用评估报告》。

根据《试用评估报告》，烽火通信初步选定由杰成合力科技提供的 EPROS 流程管理 IT 平台为其流程管理赋能并输出了详细的《烽火通信 EPROS 流程管理平台可行性分析报告》。最终，烽火通信决定选用杰成合力科技的 EPROS 流程管理平台。

（2）EPROS 流程管理平台实施。考虑到烽火通信的实际流程管理成熟度，以及员工对新事物的接受程度等因素，在杰成合力科技顾问团队的建议下，烽火通信决定采取“点 - 线 - 面”的推行策略开展工作，先进行局部试点，成功后再逐步推开。

① EPROS 的局部试点。在 EPROS 平台搭建完成后，烽火通信在公司内部着手选择 EPROS 试点部门并开展其他相关准备工作。在经过多方面考虑后，烽火通信初步选定在公司采购中心进行首个 EPROS 试点，并且与采购中心部门领导进行了深入沟通，取得了其大力的支持。为了确保 EPROS 平台试点的成功，烽火通信流程管理部门专门委派一名流程管理专家对口支持采购中心流程建设，并且与采购中心的员工一起组建采购中心流程建设项目组。这名流程管理专家在负责采购中心流程建设咨询辅导工作的同时也负责 EPROS 平台的应用培训及实践辅导，帮助采购中心进行

流程梳理并确保 EPROS 平台的落地。

采购中心 EPROS 试点工作与采购中心流程建设同步进行，历时约 6 个月。6 个月后，成果显著，采购中心流程架构通过 EPROS 平台得以分层分级、可视化呈现，采购中心所有流程均在 EPROS 中设计，标准统一、界面清晰，采购中心所有员工在全球任何一个有网络的地方均可登录、查阅采购中心的业务流程。在采购中心年度流程建设工作总结汇报会上，采购中心流程建设项目经理重点汇报了 EPROS 应用的成果，得到了采购中心领导的高度表扬和评价。

② EPROS 的逐步推广实施。在烽火通信年度流程建设工作总结汇报会上，采购中心流程建设项目经理代表采购中心项目组向公司领导汇报了整个采购中心的流程建设工作，并且重点汇报及现场演示了 EPROS 应用后取得的成果，得到了公司领导及其他部门领导的一致认可。

总体来说，采购中心的 EPROS 试点工作达到了试点的目的，也验证了 EPROS 流程管理平台在烽火通信的适用性。在公司领导的要求下，烽火通信着手由“点”向“线”的推广工作，开始选择下一批试点单位。采购中心树立了很好的 EPROS 流程建设标杆，其他部门也主动要求上马 EPROS 平台，烽火通信流程管理部门根据 EPROS 推行的总体工作策略和要求，结合相关部门流程建设准备度情况，分批次选择 EPROS 上线部门，并且将 EPROS 的应用作为流程建设一项重要指标要求融入部门流程建设年度考核中，实现了 EPROS 平台的有效落地。

③ EPROS 的推广实施支撑。在整个 EPROS 试点和逐步推广过程中，在杰成合力科技顾问团队的指导和帮助下，烽火通信流程管理部门做了大量的准备工作及过程辅导、培训和功能优化工作，输出了对业务部门 EPROS 应用很有价值的过程文档，如《EPROS 宣传胶片及操作说明》《EPROS 流程设计元素标准说明》《EPROS 流程说明文件标准说明》

《EPROS 功能视频培训 VCR》《EPROS 实施推行流程图》《EPROS 使用 FQA》。

④内部用户体验感受。EPROS 流程管理平台推行一年后，为了了解和验证 EPROS 平台对于烽火通信的适用性，对部分管理者、员工、流程管理者和设计人员进行了访谈和调研工作，了解了他们使用 EPROS 流程管理平台的真实感受。

管理者的心声：访谈和调研了部分公司各层级部门的相关管理者，涉及公司副总裁、部门总经理（流程责任人）、基层部门经理及部分海外代表处代表和办事处代表（流程监护人）等，了解并记录了他们使用 EPROS 平台的真实感受，下文为节选部分。

“当时选这个 EPROS 平台的时候，我心里还是有点担忧，但事实证明，EPROS 平台确实很好地匹配了我们公司目前的需求，很适用。

“EPROS 将组织及岗位、流程、制度及认证体系等在一个平台上展示和关联，可以快速地查阅到需要了解的业务架构和业务流程，业务架构层级展示为分析业务的战略方向提供了一个清晰的界面。

“EPROS 的邮箱催促审批功能很不错，EPROS 平台将需要我审批的流程任务直接发送到我的邮箱中，我打开邮件下面的 EPROS 任务链接就可以直接进行审批工作，非常方便。

“EPROS 在标准化方面做得很好，我以前审批流程文件的时候很痛苦，员工递交的流程文件格式很不统一。现在好了，EPROS 导出的流程图和流程说明文件格式标准、统一，我审核流程的时候效率高了许多。

“我是从另外一个部门转到现在这个部门的。坦白说，我刚开始的时候对新部门的业务不是很熟悉，幸亏有了 EPROS 平台，流程全景图中分层分级展示了我现在所负责部门的流程架构，我只花了两天的时间就基本了解了我现在的部门的主要业务和工作流程。

“EPROS 平台对我们海外的员工帮助很大，海外一线的员工可以在任何有网络的地方登录公司 EPROS 平台查阅相关的流程文件。派往海外的员工很大一部分是新员工，更需要公司在流程方面给予支持，EPROS 平台对公司国际化战略起到了积极推动的作用。”

…………

普通员工的心声：访谈和调研了部分普通员工，涉及研发、市场、制造、采购等部门的员工，了解并记录了他们使用 EPROS 平台的真实感受，下文为节选部分。

“长见识了，原来一个公司的运营是这样的。多亏了 EPROS 平台，让我全面了解了公司的运营体系。

“我是个新人，刚进公司不到一个月，什么都不懂。导师太忙没时间带我，就让我使用 EPROS 平台学习相关知识。EPROS 真是个百宝箱，里面不但有工作流程图和说明，还有很多工作模板和作业指导书，太强大了。

“我的工作变得更简单了，进入 EPROS 平台就可以直接看到我岗位对应的工作流程，我只需要按照工作流程做事就可以了。

“我所在的部门是个支撑部门，平时总觉得自己的工作相比市场、研发等部门的工作来说没有什么价值，但在 EPROS 平台上查看了公司流程全景图后，了解到公司价值创造离不开我所在的部门，我对我的工作的价值有了新的认知。

“以前想查个文件得翻箱倒柜。现在好了，只需要用我的工号登录 EPROS 平台，进去后就可以查看到我的岗位对应的流程。

“EPROS 平台改变了很多人的工作思维。以往，业务出现问题的时候，大家聚在一起讨论来讨论去也不知道原因出在哪里。EPROS 平台很好地展现了流程的全过程，我们可以对着流程文件找原因。”

…………

流程管理者和设计者的心声：访谈和调研了部分业务部门的流程管理者，涉及 SME（主体领域专家）、流程建设项目经理、流程监护人、流程专员等，了解并记录了他们使用 EPROS 平台的真实感受，下文为节选部分。

“流程设计更加简便了，EPROS 平台上的流程设计元素都是标准、统一的，我不需要再调整元素的大小、颜色了。

“以前编写流程文件，流程图、活动说明和作业指导书、模板等都要分开存放，一个流程文件有很多文档。现在好了，有了 EPROS 后，所有流程相关的文档都嵌入流程图中。我需要查看某个模板，只需要点击该流程活动上的模板标识即可，非常强大。

“EPROS 的流程设计元素很专业，里面有很多我以前从来没有见过的流程符号，如 XOR、OR、接口、协作框、KCP、KSF、PA 等。听了流程管理部门的同事讲解后，了解到这些都是业界最佳标杆，感觉自己的流程专业水平得到了提升。

“EPROS 的流程设计向导功能不错，我以前从来没有编写过流程文件，有了这个向导后，感觉自己都成流程管理专家了。

“我以前在建质量体系的时候，总觉得流程和质量体系应该有更好的融合和关联方式，EPROS 可以将我们目前的质量体系标准要求与流程一一对应，为流程和质量体系的融合提供了关键平台。

“公司前段时间进行内控体系建设的时候请了外部咨询顾问指导我们的工作，当这些外部咨询顾问登录我们的 EPROS 平台后非常震惊，觉得我们目前的流程成熟度远超他们的想象，我非常自豪。

“我们部门的流程是我和其他几个专员在 EPROS 上设计的，领导很认可，我们现在不仅是业务专家，也是流程管理专家了。”

…………

第四节　流程变革的激励机制设计

很多企业变革缺乏动力，因为流程建设对管理者的绩效没有任何影响，并且，流程建设会占用资源，和当前的业务会有时间冲突。一旦实施效果不好，可能还会产生风险，影响本位利益。为了让优秀的管理者和业务骨干主动参与流程变革，企业需要建立多层次的变革激励机制。

不同层级的流程改进，参与人员的层级及激励方式都有所不同。图9-6所示为变革项目层级。企业级的变革项目和领域级的优化项目，通常由高层管理者和中层管理者主导，需要纳入年度规划，作为管理者绩效的一部分组成内容来考核管理者。末端的流程变革，一般都是自下而上发起的，全员可以参与，需要建立物质和精神双重激励机制。

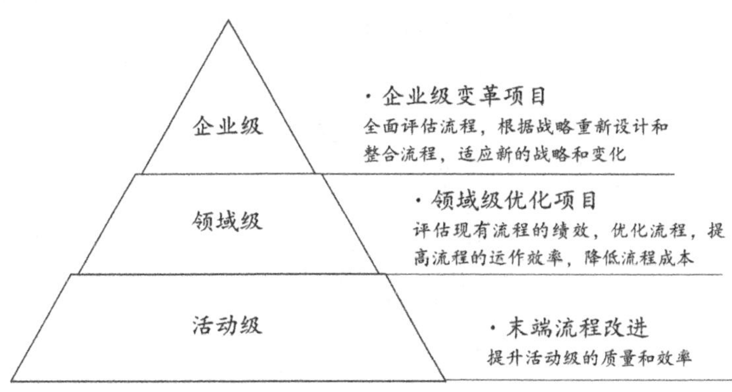

图9-6　变革项目层级

变革的激励模式包含以下 3 种，我们一一进行阐述。

1. 完善管理人员任职资格和绩效评价体系。企业的中高层管理者更关注事业机会，所以我们要把变革的要求、指标纳入其任职资格体系、绩效管理体系。每年做战略解码时，需要规划各个领域的能力提升计划，形成变革的需求。将业务流程改进纳入管理人员任职要求和绩效评价内容，中高层管理者才有动力和动机去做流程变革，流程变革才会达到好的效果。

我记得以前华为对中高层管理者的任职资格设置了 5 个评价单元，其中一个单元是流程和组织建设，要求他们每年都要建设流程，把成熟的业务流程化，亲自主抓例外事件并减少例外事件的比例。每年还要推动跨部门、上下游的接口流程的优化，以全流程的绩效牵引本部门的工作。对于中基层干部的任职资格评价，也有一个单元是流程执行，重点是宣贯流程和完善流程。关于具体的关键活动要求，详见表 9–1。

表 9–1　A 公司管理人员的任职资格考核表

对象	任职资格评价要素	权重	关键活动
中高层管理者	组织并主导流程建设，周边协调工作	25%	1. 组织并主导流程建设 ①组织并参与流程建设工作，固化有效运作的流程 ②处理例外事件并使之不断规范化 ③通过审计工作发现瓶颈，及时优化 2. 周边协调工作 ①设定目标，以全流程绩效牵引本部门工作 ②打破部门壁垒，组织并保障对公司主流程的支持
中基层管理者	流程执行	20%	1. 流程执行 ①组织学习有关流程的知识，确保大家正确理解 ②给使用者提供流程培训和指导的机会 ③依靠流程运作，确保贯彻实施 2. 内部优化 ①收集信息，评估流程的合理性、可行性和有效性 ②对流程未覆盖的部分制订相应的补充规定与实施细则 ③通报流程中存在的问题，并且提出修改和完善的建议

一旦发布任职资格标准，每年会对管理者进行评价，要求其提交案例素材，证明自己已经达标。比如，管理者要举出案例来说明：这一年来都优化了哪几个流程？或者，新建了哪几个流程？前后有什么变化？管理者在里面扮演什么样的变革角色？如果没有证据或说不清楚，就会得低分，失去被提拔的机会。总之，管理者不变革，就不会被提拔。所以，企业要通过机制驱动管理者主动变革。有了这套机制，流程变革就会变得顺利一些，并且管理者也会更加职业化。

2. 及时奖励基层改善行为。对于基层员工而言，要重点奖励他（她）的变革行为。我记得以前华为的合理化提案制度和质量改进小组的运作制度，都是对基层员工进行物质和荣誉奖励的制度。

企业变革不能过于功利，一定要看到成果才给予奖励。其实，当人们的行为发生变化，愿意暴露问题和改进工作，就要给予及时的承认和激励。

从改变人们行为的角度来说，“目睹 – 感受 – 变革”的过程要远比“分析 – 思考 – 变革”的过程更为有力。大家想一想，假如全员参与变革过程，同时对他们进行变革赋能，怎么可能产生不了成果呢？所以，当企业在建立流程改进制度时，就要及时给予员工奖励。比如合理化提案，只要是按照规范要求、结合本职工作提出的，不管采不采纳，都要及时给予提出者奖励。即便奖励金额不多，员工也会很开心，因为他们觉得自己的提议受到了重视。

当年，我们在华为制订合理化提案这个制度的时候，一个合理化提案，无论采纳与否，上个月提的，这个月就把 20 元奖励给提交人，采纳以后再奖励 100 元；年终，再评一等奖、二等奖、三等奖，任正非本人颁奖。

3. 高层以身作则，发挥带头作用。企业高层领导的变革行为本身也会激励员工。

当年，我在华为做变革时发现一个比较特别的现象：任正非有时会参加某个流程优化的汇报会。虽然总裁的时间很宝贵，但他特别愿意去听取汇报。有些流程优化汇报会，任正非是主动要求参加的；有些流程优化汇报会，是我们和他的秘书约时间后他参加的。但凡任正非有时间，他就愿意参加这样的流程优化汇报会。项目组的成员近距离接触任正非，都很受鼓舞，后续会更积极参与更多的流程优化项目。

总而言之，流程变革的激励机制可以分层设计：对中层以上的管理者，要将流程建设等要求纳入任职资格、绩效管理体系；对基层员工，要及时给予奖励；提高高层领导对变革的关注度和参与度，因为高层领导在变革上投入时间是对变革团队最大的激励。

国内企业的管理者都很敬业、勤奋，如果能在业务发展的同时进行持续的对标和变革工作，提升、开阔各级管理者的格局和视野，提升管理素养，一定会释放出巨大的组织潜能。希望更多的国内企业可以转型、升级为流程化组织，实现高效、合规、灵活地赢的目标，以支持企业远景目标和战略的实现。

参考文献

〔1〕宋养琰，刘肖 . 面对“500 强”的理性思索 [J]. 理论视野，2001（02）:11–13.

〔2〕万希 . 财富 500 强 : 大有大的难处 [J]. 中外管理导报，2002（03）: 63.

〔3〕黄卫伟 . 以客户为中心：华为公司业务管理纲要 [M]. 北京：中信出版社，2016.

〔4〕黄卫伟 . 价值为纲：华为公司财经管理纲要 [M]. 北京：中信出版社，2017.

〔5〕杨晓东，于常印 . 中国管理咨询业实战名家 [M]. 北京：中国财政经济出版社，2019.

〔6〕夏忠毅 . 从偶然到必然：华为研发投资与管理实践 [M]. 北京：清华大学出版社，2019.

〔7〕菲利普 · 科比 . 流程思维 : 企业可持续改进实践指南 [M]. 肖舒芸，译 . 北京：人民邮电出版社，2018.

〔8〕迈克尔 · 哈默 . 企业行动纲领 [M]. 赵学凯，等译 . 北京：中信出版社，2002.

〔9〕郭士纳．谁说大象不能跳舞？——IBM 董事长郭士纳自传 [M]. 张秀琴，等译．北京：中信出版社，2003.

〔10〕查兰．高管路径："轮岗培养"领导人才 [M]. 徐中，杨懿梅，译．北京：机械工业出版社，2011.

〔11〕科特，科恩．变革之心 [M]. 刘祥亚，译．北京：机械工业出版社，2003.

〔12〕吉特尔．西南航空案例 [M]. 熊念恩，译．北京：中国财政经济出版社，2004.

〔13〕德鲁克．管理的实践 [M]. 齐若兰，译．北京：机械工业出版社，2006.

〔14〕拉姆勒，布拉奇．绩效改进：清除管理组织图中的空白地带 [M]. 2 版．朱美琴，彭雅瑞，等译．北京：机械工业出版社，2005.

〔15〕吉娜·阿比戴，尤萨夫·阿比戴．业务流程改进（BPI）项目管理最佳实践：六步成功实施跟进法 [M]. 陈志强，吴小羊，译．北京：电子工业出版社，2016.

〔16〕胡云峰．流程管理与变革实践 [M]. 武汉：华中科技大学出版社，2013.